TOP RUNNERS OF 2.5D

2.5次元のトップランナーたち

松田誠
茅野イサム
和田俊輔
佐藤流司

著 門倉紫麻

集英社

目次

contents

第4章

はじめに

「2・5次元」。最近この言葉を目にする機会が増え、「何のことだろう」と思っていた方もいるのではないでしょうか。「2・5次元」のあとに「ミュージカル」や「舞台」と続けて（あるいはその意味を含んで）使われることが多く、本書タイトルの「2・5次元」も「2・5次元ミュージカル」「2・5次元舞台」を指しています。

一般社団法人 日本2・5次元ミュージカル協会の公式サイト（https://www.j25musical.jp）の〈2・5次元ミュージカルとは？〉という項目にはこうあります。

〈2次元の漫画・アニメ・ゲームを原作とする3次元の舞台コンテンツの総称。早くからこのジャンルに注目し、育ててくれたファンの間で使われている言葉です〉

基本的な考え方は、原作の世界観を、舞台上という観客の目の前で完璧に〝再現〟してみせること。同じく2次元を原作とした映画やドラマといった「実写化作品」で最も注目されるのが主演俳優だとすると、2・5次元ミュージカルでそれにあたるのは〝原作の主人公＝キャラクター〟といえるでしょう。俳優にまず求められるのは、キャラクターを内面までも完全に理解し、自分のものにすること。作り手たちが原作を咀嚼《そしゃく》しきったうえで、それぞれの個性がプラスされ、独自の世界が築かれていくのです。

そして今、その市場規模は急速に拡大し、人気は海外へも広がっています。

本書は、そんなムーブメントの最前線に身を置く、四人のトップランナーたちへのインタビューをまとめたものです。

インタビュアーである筆者は、主に漫画業界で活動してきたライターです。近い業界にいながら、「2・5次元」に詳しいとは言えない状態で取材を開始したのですが、取材開始直後から、ゾクゾクするような興奮を覚えました。今、ここで、何かが起きている――。四人が話す姿からは、何かが爆発的に広がる直前に特有のエネルギーが感じられ、それがそのまま「2・5次元」の魅力と重なって見えました。すべての取材が終わるころには、すっかりその世界に魅了されていたのでした。

私が取材で感じたその魅力は、これまでこのジャンルに興味を持っていなかった方にも届くに違いありません。もちろん、「2・5次元」を長く愛してきた方たちには、作り手がどんなことを考え、どんなふうに個々の作品を制作しているのかを知る楽しさを味わい、好きな世界をより深めていただけると思っています。

そして、これから新しく何かを始めようとしている方には、彼らの発言の中に、刺激やヒントになることが、きっとあるはずです。

第1章

演劇プロデューサー

松田誠

Makoto Matsuda

日本発のコンテンツで世界と戦う

松田 誠（まつだ まこと）　PROFILE

株式会社ネルケプランニング　代表取締役会長
一般社団法人 日本2.5次元ミュージカル協会代表理事
演劇プロデューサー

代表作は、ミュージカル『テニスの王子様』、ミュージカル『刀剣乱舞』、ライブ・スペクタクル「NARUTO-ナルト-」、ミュージカル「美少女戦士セーラームーン」、ミュージカル「黒執事」、『ロミオ&ジュリエット』、『ロック オペラモーツァルト』、ミュージカル『アメリ』、劇団EXILE他。

2018年1月にTBS系『情熱大陸』に出演。

演劇以外にも多方面で新しいエンターテインメントを仕掛けている、日本のステージコンテンツビジネスのトップランナーの一人である。

松田　誠に会った多くの人が抱く第一印象は、「楽しい人」ではないだろうか。そのエネルギッシュな話しぶりを聞いていると、どんどん楽しい気持ちになっていく。松田自身も、「いつも目の前のことが楽しいんですよ」と笑う。人を楽しませもするし、自分が楽しんでもいる人なのだ。

「日本2・5次元ミュージカル協会」代表理事。演劇制作会社「ネルケプランニング」代表取締役会長。2・5次元業界のトップであり、2・5次元ミュージカルという名前がつく前から制作に携わってきた第一人者でもある。常に複数のビジネスを同時に進行させ、多忙を極めているはずだが、その顔に疲労の色はない。

「楽天的な性格なので『俺、どうなっちゃうのかな』とかあまり考えないんですよ。胃が痛い、とかもない。胃の検査をしたら、ツルツルでした（笑）」

仕事内容を表す肩書は「演劇プロデューサー」。プロデューサーとは？　と問うと、「設計図を描く人です」と明確な答えが返ってくる。

「実際に一枚の紙に『描く』わけではないですよ。こういう役者さんで、こういう演出家さんで、こういう劇場でこの時期に……ということを最初に僕が決める。そうすると、それに向かっていろんなプロが動いてくれる。設計図を描き終わったら、僕の仕事はほぼ終わりなんですけど」

徐々に、ではなく最初の段階ですべてのことをひと息に決めてしまう。松田の頭の中には、全体像が最初から見えている、ということだ。

「そうですね。劇場スタッフ、チケット料金、キービジュアルまで大体いっぺんにバババッと考えちゃいます」

キービジュアル＝その公演を最も的確に、魅力的に表すイメージ写真やイラストのこと。多くの人がそのキービジュアルを目にするのは主に「チラシ」でだ。劇場に足を運んだことがある人なら、様々な演劇の公演を予告するチラシの束を手にしたことがあるだろう。開演前や終演後に一枚ずつチラシを見ながら「次はこれを観ようかな」と考えるのは楽しい作業でもある。

松田は、そのチラシに強いこだわりを持つ。

「未《いま》だに芝居の宣伝で一番強いのってチラシなんですよ。お客様は、チラシを見て、観るか観ないかを決める。だからそれだけで『観たい！』と思わせるようなものを作らないとだめなんです。すごく信頼しているデザイナーさんがいるんですが、一緒にアイデアを出し合って作ります」

自信作シリーズの一つだと言ってテーブルに置いたのは、舞台『犬夜叉《いぬやしゃ》』のチラシ。黒い背景に、主人公の犬夜叉が銀髪をなびかせて浮かび上がる。主演のゴールデンボンバー・喜矢武《きやん》豊《ゆたか》の、テレビなどで見せる華やいだ雰囲気とは違う、静かで、でも力強いビジュアルが印象的だ。

「歌舞伎とか能みたいなテイストにしたいと思っていた。キャストを発表する時に、喜矢武くんのいつもの写真じゃなくて、このビジュアルの、犬夜叉になった喜矢武くんを出そうと思っていました。これを出せば、原作の『犬夜叉』ファンにも『ちゃんと本気でやるつもりなんだな』というのがわかってもらえる。基本的に原作ファンは舞台にされたいとは思っていないんですよ。むしろやらないでよ、と思っていますから。七、八割のファンはそうなんじゃないかな」

特に悲しそうにでもなく、さらりとそう言う。

「大好きだったら、この漫画を変なふうにしないでって思いますよね。だからこちらは『変なふうにしませんよ』っていう意思表示を最初にする必要がある。僕たちの本気を伝えるのに一番大事なもの……チラシは声明文です」

『犬夜叉』

ミュージカル『テニスの王子様』は絶対的なターニングポイント

ここ数年、漫画やアニメ・ゲームが2・5次元ミュージカルになる数が加速度的に増えているが（二〇一七年の上演作品数は百七十一作品）、松田が2・5次元ミュージカルにしたい、向いている、と思う作品とは、どんなものなのだろう。

「向いている、向いていないというのは……多少はあるけれど、そんなにはないんですよ。舞台って、ある意味『何でもできる』ので。役者が何もない舞台で『この大海原に！』って言った瞬間、そこは海になるわけです。お客様が『ここは海だ』と思ってくれる。映像は描かれているもの全部を再現して映さなきゃいけないから、すごく大変だと思う。演劇は、省略の芸術。削《そ》ぐんです。芝居って具体的なセットはすごく少なくて、抽象的なセットが多いでしょう。それを、お客様が想像力で補完する。お客様の想像力より強いものなんてないですから」

舞台は客と一緒に作る――。よく聞く言葉だが、2・5次元ミュージカルの劇場に行くと、観客が積極的に参加することで「この世界」を作り上げているのだということがよくわかる。

「絶対に、そうなんです。うちの会社の作品ではないですが、舞台『弱虫ペダル』（※）はその最たるもので。自転車競技の話なのに、自転車を捨てた。役者が持っているのはハンドルだけ。それなのに成立している。すごいですよね。自転車は捨てたけど、原作の一番大事なもの――〝熱量〟を残した。もし自転車を残していたら、あの熱量は出せなかったかもしれない。英断だと思います」（※制作・マーベラス）

何を残すかを決める、ということは、その作品にとって一番大事なものは何かを見極めるということだ。厳しい判断が、一つ一つの作品に求められる。

「プロデューサーが決めるのか、演出家が決めるのかわからないですけど、それは誰かがジャッジするしかない」

ミュージカル『テニスの王子様』（通称『テニミュ』。二〇〇三年〜）では、協議の上「ボール」を捨てた。

「その代わり、試合のスリリングさとキャラクター性を残しました」

丸い光（ピンスポット照明）を素早く動かし、打球音をつけることでボールを表現。役者はラケットだけを手にし、舞台上を自由に動きまわる。

「最初は棒の先にボールをつけて動かそうかというアイデアもあったんですよ。もしそんなことをやっていたら、『テニミュ』は今も続く作品になってはいなかった。よかったです、棒を選ばなくて」

『テニミュ』は、「絶対的なターニングポイント」になった作品だと松田は言う。

「演劇業界にとっても、2・5次元ミュージカルにとっても、僕の人生にとっても。すべてのターニングポイントは『テニミュ』だと思います。それまでにも、漫画やアニメ、ゲームを原作にした舞台というのはあったんですよね。僕が関わってきたものもあるし、もっとさかのぼれば、宝塚歌劇団ではずっと前から『ベルサイユのばら』をやっている。でも……なんていうのかな、ムーブメントとして2・5次元ミュージカルが認知されたのは、『テニミュ』が最初だったと思います」

原作は『週刊少年ジャンプ』の人気漫画『テニスの王子様』(作・許斐《このみ》剛《たけし》)。個性的なキャラクターたちのビジュアルを忠実に再現した役者陣が、公演を重ねるごとに成長していく姿が観客の胸を打ち、熱狂的なリピーターを生んだ。現在は3rdシーズンを上演中で、二〇一八年には、累計観客動員数が二百六十万人を突破した。

今の「最初に設計図を描く」松田からは信じられないことだが、そのスタート時には「何のビジョンもなかった」のだという。

「突然、振付師の上島雪《うえしまゆき》夫《お》さんのところに原作のコミックスを持って行って、『これを舞台にしたいので、演出をやってもらえませんか』と言いました。上島さん、ダンスの公演の本番中だったんですよ。昼公演と夜公演の間の休憩時間に押しかけて、喫茶店で話をして。『何かビジョンはあるんですか？』って聞かれたんですけど『ないです。これから考えたいんです』と答えた（笑）。本当によく引き受けてくれたなあ」

当時の上島は主に振付師として活動しており、演出経験はほぼなかった。それでも依頼に行ったのはなぜだったのだろう。

「上島さんのダンス公演を何回か観に行ったことがあったんですが、男性ダンサーたちがめちゃくちゃかっこよかったんですよ。それで『この振り付けの人は、男の人をかっこよく動かすのがうまいんだな』と思っていた。だから、男の子をかっこよく見せなくちゃいけない『テニミュ』の演出は、絶対にこの人だ！　と。上島さんにＯＫがもらえなかったら、舞台化はあきらめようと思っていました」

では上島は、なぜ引き受けたのだろう。

「僕も気になって、後で聞いてみたんですよ。そうしたら、僕が持って行った漫画をパラッとめくって試合シーンを見た時に、『キャラクターが踊っているように見えた。それで自分にもできるなと思った』と。すごいですよね。今は照れて『そんなこと言ってないよ』とか言うんですけど（笑）。上島さんによると、ラケットを手に持っているか持っていないかで大違いなんだそうです。長いものを手に持っていることによって、ポーズが決まる、と。ラケットで全員が一つの方向を指し示すと、本当にかっこいいですよね」

松田と上島は、ラケットをあるものに見立てることで一致した。「刀」だ。

「ラケットは戦うための刀で、侍同士が戦っている話、というコンセプトです。実際に振り付けで、斬るような動作もありますよ。許斐先生も、侍という言葉を使っていらっしゃいます。ただ、全部やりながら決まったことです。結果的にそうなっただけ」

『テニミュ』を経て、松田にはどんな変化が訪れたのだろう。

「もっといろいろやってみたい、と思うようになりました。これができるなら、もっとできるはずだ！　と。僕の中の、舞台に対する貪欲さがさらに表に出てきた。それと、お金がついてきたことも大きかった。これはビジネスになるということがわかってきました」

継続的に良質なエンターテインメントを提供するために、ビジネスとして成り立たせることは、プロデューサーの重要な役割の一つだ。

「物販が好調だったことも大きかった。DVDとか、キャラクター（に扮した役者）の生写真とか、公式グッズがすごく売れた。これまでにやってきた舞台ではない経験でしたね。スタッフとも、これはいわゆる成功だね、という話はしました。ただヒット

ミュージカル『テニスの王子様』3rdシーズン 全国大会 青学vs氷帝
©許斐 剛／集英社・NAS・新テニスの王子様プロジェクト
©許斐 剛／集英社・テニミュ製作委員会

しても、その余韻に浸っている暇はなかったですね。次の『テニミュ』をどうするか、ということを考えていました」

役者がその役を〝卒業〟し、新たにオーディションで役者を入れて、キャラクターが代替わりをしていくのも、『テニミュ』ならではのシステムだ。

「あれも後付けなんですけどね。初代のキャストは、スタート時点で二十代前半くらいの役者がほとんどだったので、何年か続けるうちに二十五、六歳になる人が出ていた。それでも中学生の役を続けるのはどうなのだろう、という話になって『卒業させたらどうか』という案が出たんです。僕は最初、その案に反対したんですよ。せっかくこの子たちに人気があるのに、卒業させるなんてもったいないじゃないか、と。議論の末、卒業させる方向で決まりました」

『テニミュ』は二〇一八年に十五周年を迎え、主役校である青学《せいがく》キャストは十代目になる。

「『テニミュ』を卒業した子たちが、多方面で活躍するようになったのも嬉しいですね。このあいだ十五周年を記念したコンサートがあったんですけど、OBも出てくれて」

1stシーズン氷帝《ひょうてい》・跡部《あとべ》景吾《けいご》役の加藤和樹《かとうかずき》や、忍足侑士《おしたりゆうし》役の斎藤《さいとう》工《たくみ》など豪華な顔ぶれが揃った。

「斎藤 工くんもステージに上がってくれたり、他のOBたちも様々な所で『テニミュでいろいろ学んだ』と言ってくれることがすごく嬉しくて。ちょっとね、学校の先生ってこんななのかもなあって思ったりするんですよ。卒業したOBがたまに帰ってきたから『元気でやってる?』って声をかけて、『先生こそ元気ですか』って言ってもらう感じ。今ステージに立っている、現役のキャストのことはずっと心配だし、卒業する時には売れろよって思いながら送り出すし。もともと部活ものだから学校っぽいというのもあるし、卒業っていう言葉なんてそのままですもんね。卒業証書も渡していますし」

役者経験が少ない状態でキャスティングされ、役者として一人前になって卒業する、というシステムも、確かに学校のようだ。

「まあ、未熟な状態で幕を開けて千秋楽で完成する……なんていうのは、演劇の世界では普通許されないことだとは思いますけどね。『テニミュ』では、新しい役者が卵から孵《ふ》化《か》する瞬間を見る楽しみがあるから、お客様も許してくれるのだと思う。五十公演とか百公演とか人前でやっているうちに、役者として鍛えられるんですよね。養成学校に何年か通うのとは全然違う切迫感が、毎回ありますから」

若い俳優たちを孵化させ、育てる『テニミュ』は、俳優界全体にとっても大きな影響を及ぼした。

「ミュージカル界で今メインどころをやっているのは、加藤和樹くんとか古川雄大《ふるかわゆうた》くんとか『テニミュ』出身の役者がすごく多い。宮野真守《みやのまもる》くんとか豊永利行《とよながとしゆき》くんとか声優として活躍している人もいるし、斎藤 工くんや瀬戸康史《せとこうじ》くんのように映像に行った人もいる。『テニミュ』の前は、若い男性俳優が世に出る道が『仮面ライダー』シリーズか戦隊ものくらいしかなかったと思います」

オーディションで見るのは、その役者にキャラクターの本質があるかどうか

2・5次元ミュージカルは、キャストをオーディションで選ぶことが少なくない。当然、松田も審査員として立ち会うことになるが、その際に決めていることがある。

「必ず、役者が演技しているところを、顔を上げて見ます」

一見、当たり前のことのようにも思えるが、途中から役者のほうを見なくなる審査員も多いのだという。

「自分が元役者だというのは大きいと思います。役者の心情を汲《く》んでしまうんですよ。正直に言うとオーディションってね、ちょっと見れば……もっと言うと入ってきた瞬間にある程度○×がついてしまうものなんです。『あ、この子だな』というのが、だいたいわかってしまう。もちろん演技をしたり、歌を歌うのを見て、意外にいいなと思うこともありますけど、そう多くはない。なのですぐに役者を見るのをやめて、自分の手元とか別のところを見たりする人もいるんです。でも自分が役者としてオーディションに行った時、それにものすごく腹が立って。演じているところを見ないで、ど

うやって審査するの？　と思っていた。その時のことが頭から消えないから、僕は何時間でもずっと、役者を見続けています」

松田いわく、オーディションは「楽しくやりたい」。

「オーディションってほとんどの人は落ちるわけだから、その役者にとって嫌な経験になる。でも僕は、それが嫌なんですよ。だからなるべく楽しくやります。すごく笑いが起こるオーディションですよ。見せたいくらい（笑）。

最初に、僕がリラックスできるようなことを言います。だって、役者はみんな緊張でガチガチだから。『みんな、自分が高跳びの選手だと思ってみて』っていつも言うんです。『それまで百六十センチしか跳べなかった人が、急に試合で百八十センチ跳べることがある？　みんなは今、急に百八十センチ跳ぼうとしている人だよ。そんなことをしたら、むしろ記録はいつもより下になるだろう？　焦ったってしょうがない。背伸びしてコケるより、今できる自分のベストをやったほうがいい。だから、深呼吸しよう。一回、リラックスしよう』。そうするとみんななんとなく、落ち着くんですよね」

オーディションに限らず、心に響くアドバイスだ。

「僕も若いころ、自分をよく見せよう、よく見せようと思っていました。でもそれじゃあ、その人がどんな人かわからないし、その人のよさは伝わってこない。もったいないですよね。

こんなことも言うようにしていて。『受かる、受からないじゃない。君たちの長い役者人生にとっての一つの経験だから、ここを楽しんだほうが得だよ。受かった、落ちただけではもったいない。ここで楽しんだ、ここでなにかを得たのなら、落ちたってゼロじゃないよ』と」

役者への、松田の敬意と愛が垣間《かいま》見える。

では、「受かる」役者の中に、松田が見出《みいだ》すものは何なのだろう。

「演じてもらうキャラクターが持っている〝本質〟があるかどうかですね。ちょっと語弊があるかもしれないんですけど、キャラクターに〝似せる〟こと自体はそう難しくはないんですよ。スタッフの経験値も上がってきたので、ウィッグの技術も、メイクや衣裳もすごくよくなっている。昔はこちらも似せることに命をかけていたところがあるので、観ている人にもそこを大事にしていると思われていたんですけど……大事なのは本質なんです。キャラクターの本質に、役者の本質を後から近づけるのは、すごく難しいことで。何がわかりやすいかな……例えば、優しくて自分より他人のことを考えて行動してしまうキャラクターを、自分勝手な人間が演じるのは難しい。素直な気持ちで突き進むキャラクターを、計算高い人間が演じるのは難しいんです。

だからオーディションでは、その人が持っている種みたいなものを見るようにはしています。それは、入ってきた瞬間にわかるものではないですね。話を聞いてみないと。僕ね、オーディションの時って、自分の番じゃない時にその役者が何をやっているかを見ているんですよ。そのほうが、その人の種が見える」

松田が例として話してくれたのは、ミュージカル「美少女戦士セーラームーン」のオーディション時のエピソード。松田いわく「ドジで、ちょっとお馬鹿でかわいらしくて……だけど友達のことを大切に思う女の子」である月野《つきの》うさぎ役に選ばれたのは、大久保聡美《おおくぼさとみ》。松田は、彼女の自分の番ではない時の振る舞いに、目を留めたのだという。

「歌も芝居も決してうまくはなかったんですけど、ほかの人が答えたり、演技したりしているところを、すごくキラキラした顔でずっと見ていたんですよ。みんな、自分のライバルですよ？　ほかの人は、自分よりうまい人がいたら『やばい、この子が通っちゃうかも』みたいな顔をしているのに、大久保さんだけはずっと、『わあ、うまいな』という顔で見ている。それを見て『ああ、うさぎがいた』と思いました。ほかの審査員もそう思っていたみたいで、『大久保さんしかいないね』という話になりました。パフォーマンスよりも、彼女が持っている種を見ることができたんですよね。彼女の本質が、うさぎと同じだった。舞台に立ってみたら、実際、彼女はすごくうさぎでした」

2・5次元ミュージカルに向いている役者というのは、いるのだろうか。

「主役をやるなら、スター性がないとなかなか厳しい。漫画やアニメのキャラクターって、スターなんですよ。ナルトもセーラームーンも、ルフィもスターですよね。佐藤《さとう》流司《りゅうじ》くんはスター性があるからサスケをやれるし、須賀健太《すがけんた》くんは(『ハイキュー!!』の)日向《ひなた》をやれるんです。キラキラしているでしょう? スター性がないのは、2・5次元では、結構致命的だと思う」

キャラクターの持つスター性に負けるようでは、その役を引き受けることはできないのだ。

キャラクターを客席に下ろすことができる
その最強のカードを切らないなんて、もったいない!

『テニミュ』以降、2・5次元ミュージカルを「もう一段階」押し上げたと松田が考えている作品がある。ハイパープロジェクション演劇「ハイキュー!!」とミュージカル『刀剣乱舞《とうけんらんぶ》』だ。バレーボール漫画を原作とした演劇「ハイキュー!!」は初期のみ、ミュージカル『刀剣乱舞』は現在もプロデューサーとして関わっている。

ミュージカル『刀剣乱舞』の原案は、ＰＣブラウザ・スマホアプリゲーム「刀剣乱舞-ONLINE-」。名だたる刀剣が戦士の姿＝「刀剣男士」となり、歴史を改変しようと目論《もくろ》む敵と戦う、という設定の育成シミュレーションゲームだ。

二〇一五年にサービスを開始すると同時に大ヒットとなり、実在する刀剣を見に各地へ赴く女性たち＝刀剣女子も生み出した。

「やっぱり原案に力があるからヒットした。根っこには、それがあるんです。それまでやってきた、『テニスの王子様』『美少女戦士セーラームーン』『NARUTO-ナルト-』のような、いわゆるメジャータイトルが原作のものとは違って、『刀剣乱舞-ONLINE-』は、一般的に広くは知られていなかった。でも、ものすごく熱量を持ったファンがいる。こんな世界があるのか、と驚きました」

松田自身は、「ゲームは一切やらない」。「刀剣乱舞-ONLINE-」のことを聞いたのも、スタッフからだった。

「『今、すごく人気があるんですよ』と言われて『そうなんだ。どんなゲームなの？』って聞いたら、キャラクター表みたいなものを見せてくれたんですよ。そこに、すごくきらびやかで個性的なキャラクターがバーッと並んでいた。すぐに『おお！　これはすごくいい！』と思いました。このキャラクターたちが、チームを作ったら歌えるな、というイメージも浮かびました」

一枚のキャラクター表から、そこまでの絵図を一瞬で描く。松田の、イメージ力の強さにあらためて驚かされる。

「これはすぐにミュージカル化させてもらおうと手を挙げたんですが、原案元には既に複数社から話が来ていたんですよ」

各社がそれまでに手掛けた作品を観て、どこに任せるかを決める、と告げられた。

「結果的に、原案元にミュージカル（※）はネルケが担当するという承諾をいただきました。作ったものを観て判断されるのは、制作側の人間として嬉しいことですよね」

（※ストレートプレイ版はマーベラスが担当）

ミュージカル『刀剣乱舞』は、二部構成になっている。一部でストーリーのあるミュージカルを上演し、二部では刀剣男士たちが衣裳を替えて、ただしキャラクター設定はそのままに、ライブを行う。ライブは、刀剣男士にとっての、現代ならではの戦い方であるというコンセプトだ。

実はこの構成も、最初の段階で浮かんでいたのだという。

「企画書を作った段階で、そうなっていました。以前うちのプロデューサーが、アイドルを主役にした舞台で、一部は芝居、二部は短いライブ、というスタイルのものをやっていたんですよ。それを観て、いつか自分もやれたらいいなと思っていた。だからまったくゼロのところからひらめいたわけじゃなくて、あれを今使える！　と思った感じですね」

一部が終わった後の休憩時間、観客は一斉にペンライトの準備を始める。ライブに向けて客席の熱が徐々に高まっていき、二部のスタートと共に観客の感情が爆発する光景は、感動的だ。

「一部で泣いて、二部で盛り上がってくれたら、エンターテインメントとして最高ですよね。ミュージカル『刀剣乱舞』は歴史上の人物と関わりのある刀剣が物語の中心になっているので、どうしても人の命に関わる話になってしまう。テーマが重くなるんです。でも僕は、どんな内容のものでも舞台はエンタメだと思っているので、最後はお客様に元気になって帰ってほしくて。明日から頑張ろうとか、ああこの世界は捨てたもんじゃないとか思ってほしいんです。あのライブがあることで、さらにそう思ってもらえるんじゃないかなと」

ライブ中、刀剣男士たちは舞台を下りて客席にやってくる。観客の目の前で手をふり、アイコンタクトをとる。松田いわく、「キャラクターが、風を起こす」。

「風を起こすのは役者じゃないんですよね。キャラクターが、起こすんです。その風を実際に肌で感じることができる……すごいことですよね」

あのキャラクターが自分のいる世界とつながった瞬間だ。

「これも2・5次元ならではの喜びだと思う。例えば『ロミオとジュリエット』の芝居で、マキューシオが客席に来てもそれほど『わあっ！』とは思わないですよね。でも（『刀剣乱舞』の）三日月宗近《みかづきむねちか》や（『テニスの王子様』の）不二周助《ふじしゅうすけ》が来たら、すごく嬉しい。『キャラクターが来た！』っていう強さがあるんです。今でも客席にいると、『こっちに来ないかなあ』『こっちを見てくれないかなあ』って思います（笑）。だから僕は客席に下ろせるなら、どんどん下ろしたい。映画には、キャラクターをスクリーンから飛び出させることはできないんですから。こんなにいいカード……最強のカードを持っているのなら、切ろうよ、と。これだけは、ハリウッドがどれだけ映画にお金をかけてもできないんだから。三百億かけた映画は、すごいものになりますよ。だけど、風、起こせないじゃん？　ハイタッチできないじゃん？　って思う」

ただ松田のその考え方は、古くから演劇に携わっている人からは「邪道だ」と言われることもあるのだという。

「舞台上で見せるのが演劇であって、客席と舞台の間には見えないけれど高い壁があ

るんだ、という人もいる。そういう考え方があるのもわかるんですが、僕はなるべくその壁を取り払いたいし、お客様にも舞台に参加してほしいと思う。僕自身が役者をやっていて楽しかったから、一緒にやろうよ！　って思うところもあって。お客様も、観ているだけじゃなくて、この輪の中に入ったら？　って。マイムマイムを一緒に踊ろうよ、みたいなね（笑）」

「楽しいこと」は「みんなで」やろう——そんな松田のもとに、多くの人が集まってくる。二〇一四年に、出版社、テレビ局、制作会社など多くの企業に松田自らが声をかけて立ち上げた「一般社団法人 日本2・5次元ミュージカル協会」も、〈オールジャパンでやらなきゃいけないものじゃないのか？〉（「join」No.87 公益社団法人 日本劇団協議会・二〇一六年）という思いから、自身のノウハウをすべて出し、ジャンル自体を盛り上げようと設立したものだった。松田に、権利を独り占めしたい、というような感覚は一切ない。

「そんなもの、守ってたってしょうがないですよ。ちっちゃく終わっちゃうだけじゃないですか。僕ね、本当に日本の2・5次元ミュージカルは世界に行けると思っているんですよ。僕だけが持つには重すぎる。もっといろんな人の智恵がほしいし、なんなら僕よりもっともっと優秀な人に業界に入ってきてほしい。だから自分が先頭を走っていたいなんてことよりも、この日本が生んだ2・5次元ミュージカルがディズニーのミュージカルやシルク・ドゥ・ソレイユに負けないエンターテインメントになってほしいという思いのほうがずっと強い。負けないと思いますよ。日本にはミュージカルにできるタイトルがまだまだたくさんあるから」

松田は、本気で世界に勝ちに行っている。ただ現段階では、圧倒的に世界に浸透しているのは、ディズニーのコンテンツだ。

「マーケティングのうまさですよね……日本人はね、コンテンツを生みだす力はすごくあるんですよ。だけどセールスがうまくない。いいコンテンツを、箱にしまって、蓋をしてしまっている。『パタリロ！』だって、あんなに素晴らしい作品なのに、蓋をされて、鍵がかかっていましたからね」

七〇年代後半から現在まで続く、大ヒットギャグ漫画『パタリロ！』が、二〇一六年に加藤《かとう》 諒《りょう》主演で舞台化された時は大きな話題になった。

「十年くらい前からずっとやりたいと思っていたんですが、ようやく加藤 諒くんという〝パタリロくん〟に出会えたので実現しました（笑）。蓋を開けて、眠っている子を起こすことができたので、これからいろいろ展開していきそうです。日本は、新しいコンテンツがどんどん出てくるからか、古いものをしまっていく傾向があるんですよね。中国とか韓国のミュージカル業界の人には『なんで日本人はコンテンツを大切にしないの？』って言われるんですよ」

日本の感覚だと、大切にする＝箱にしまって蓋をして、鍵をかける、という意識なのだろうか。

『それではだめなんです。活用することこそが、大切にするということです。なぜあの作品をミュージカルにしないの？　っていくつも作品をあげて、すごく怒られた。もし彼らに、日本のコンテンツが詰まった箱を開けて見せたら、こんなにお宝があるのか！　ってどうにかなってしまうかもしれない（笑）。

だから最近は、名作のアーカイブからの舞台化をよく考えています。新しいものは、ほかの人にやっておいてもらって、僕は昔のいいものを掘り出そうかなと。『パタリロ！』もそうなんですけど、今の若い人は原作を知らなかったりするんですよ。今『テニミュ』を観に来ている子たちもそう。原作を読んだことがないファンも結構いて、後から読んでいる。『刀剣乱舞』もそうですよね。ゲームをやる前に、ミュージカルを観ている人もいる。舞台化されたことで新しい動きが出てくるのもおもしろいですよね」

小学生の時からずっと、演劇人生です

ここまで何度か口にしているように、松田は、元舞台役者だ。演劇畑を、ずっと歩いてきた。初めて演劇を意識したのは、小学校高学年の時。学校の体育館で人形劇を観たことがきっかけだった。

「それまではまったく演劇に興味がなかったんですよ。動物が好きで、動物図鑑ばっかり読んでいるような子どもでした。カモノハシの研究家になりたかった(笑)。ある日、学校の行事で体育館で人形劇を観ることになったんです。暑いし、子どもだましだし、嫌だなと思っていた。でもね、その時観た人形劇がすごくて……。『大きい虎が村に攻めてくる』というような話だったんです。途中まではやっぱり子どもだまし

だなと思って観ていたんですけど、クライマックスのところで、急に獅子舞みたいに大きな虎が出てきて、人形の小さな虎をバクバクバク！　って食べたんですよ。大きな虎が出てくるのはわかっていたし、小さな虎と同じく人形の、少し大きいバージョンが出るんだろうと高をくくっていた。そうしたら全然違うカテゴリーのものが出てきて……ドーンと雷が落ちたんです、自分に。子どもだから人形劇と演劇の違いもわからなかったので『これが劇か！　劇ってすげえ！』って思ったんですよね。そのころ父親がサーカスに連れていってくれたりもしたので、それとも結びついて、生で何かを見せることに強く惹かれた。そこからずっと、演劇人生です」

松田少年の、その感受性の豊かさに驚かされる。その時の感動をずっと持ち続けていられるということにも。

だが観客という「観る側」として心動かされたことから、「やる側」に行くことへのハードルはなかったのだろうか。そう尋ねると「全然なかった。やっとやりたいものが見つかった、っていう感じでしたね」と、やはり、きっぱりと答えた。

大学時代から役者として、劇団に参加。卒業後もそのまま役者として活動を続けるが、二十五歳で作り手の側にまわることを決める。年齢的にも、まだまだこれからという時に、そう思ったのはなぜだったのだろう。

「『俺は役者として売れる』としばらくは思っていたんです。でもオーディションに年中応募しては落ちるということを繰り返して、もはや落ちることに痛みもなくなっていたころに、ある飲料メーカーのCMオーディションに行ったんですよ。控室に、同じくらいの年齢の男が三十人ぐらいいたんですけど、全体を見渡していたら、ハッと恐ろしいことに気づいて。その三十人の中で『俺が一番』っていうものが見つからなかったんです。僕より背が高いやつ、僕よりかっこいいやつ、僕より個性的なやつ、全部いた。その時に『役者では、この世界で絶対に勝てないな』とわかりました。だってこの三十人に勝てないんですから。それで役者は辞めようと思いました」

役者を辞め、制作として最初に関わった2・5次元ミュージカルの仕事は一九九一年のスーパーミュージカル『聖闘士星矢《セイントセイヤ》』だった。

「この時は、制作の一番下っぱのスタッフです。毎朝、僕が楽屋の鍵を開けていましたから」

初めて参加した2・5次元ミュージカルだったが、松田は最初から「おもしろそうだな」と思ったという。

「あの『聖闘士星矢』をどうやって舞台にするんだろう、とすごく興味がわいた。ああ、こうやってフライングで出てきたら確かにかっこいいなとか、黄金聖衣《ゴールドクロス》をこうやって作るんだとか、いろいろなことを思いましたね」

その後、メインで携わることになった作品が一九九三年のミュージカル『姫ちゃんのリボン』。

「商業的な芝居を自分で制作するのも初めてでした。今までで一番大変な現場でしたね。謝《しゃ》珠栄《たまえ》さんっていうすごく厳しい演出家だったんですが、とにかく毎日怒られて。もちろん僕ができていないから怒られるんですよ。楽譜が用意できていない、楽譜が用意できてても譜面台がない。でも僕は『譜面台って何?』というレベル。素人《しろうと》みたいなものですからね。主演はミュージカル界で一番と言われてる入絵《いりえ》加奈子《かなこ》さんだったし、相手役の草彅《くさなぎ》剛《つよし》さんもスターさんで、すごい人たちが集まっていて……ああどうしようって」

「楽天的」な松田にも、苦労した時代はあったのだ。

「そう、この楽天的な僕が（笑）。誰にも、何も教えてもらえなくて、全部自分で手探りでやらなきゃいけなかった。僕、大体のことには耐えられるんですけど、その時は本当に稽古場に行くのが嫌でしたね。駅からの道のりを歩くのがつらかった。毎日、行きたくないと思っていました。謝さんは、今や僕の恩師ですけどね。『あの時が、人生で一番大変でした』って本人にもよく言っています」

謝が松田に逐一怒ったのは、見込みがあると思ったゆえの、愛情でもあっただろう。

「謝さんはそう言ってくれますね。『まだ若いし、賢いから、いつかやれるようになると思っていたよ』って」

だがそれだけ大変だった現場のことも、「でも、おもしろかったです」と振り返った。

「こうやって一から作るんだなと思えたし、大きな劇場ではこういうふうにいろんなスタッフさんが動いてくれるんだなとか、入絵さんの歌を聴いて、歌ってこんなにも心を動かすんだなとか。いろいろなことがわかりました」

それからほどなくして、演劇制作会社「ネルケプランニング」を立ち上げる。この時点でもまだ、二十六歳だ。

「いまさらサラリーマンになるというのは、選択肢としてなかった。芝居をおもしろいと思う気持ちは強かったので、もっと人に芝居を観てもらう仕事がしたいなと。今でこそ、演劇の制作会社というのも少しありますが、当時はほとんどなかったんですよ。劇団がそのまま制作をやっているような状況だった。会社の作り方なんて当然わからないですよ。会社の作り方みたいな本を読んでみたら、まずは登記をしろと書いてあって、登記ってなんだろうって思ったら、登記セットっていうのも売っていた。それで多くの書類を書いて、自分で登記所に持って行って、会社を作りました」

決めたら、迷いなく、進んでいく。

「やるとなったら早いんですよね」

演劇の世界、特に松田がいたような小劇場の世界というと、役者も制作陣も手弁当で儲けは二の次、というような、ビジネスとは遠いイメージがある。そんな場所で生きてきた松田に、会社経営に対しての苦手意識はなかったのだろうか。

「役者だった時からプロデュース公演もやっていたし、もともと〝そっち側〟も好きだったかもしれないです」

チケットを売って、利益を出すことにも長《た》けていた。

「僕たちがやっていたのは百人とか二百人しか入らない劇場だから、役者のギャラも安いんですよ。だから僕は一枚売ったら五百円返してもらうチケットバック制にしてもらった。その代わり、役者としてのギャラはいらない、と。だいたいコンスタントに五百枚くらい売っていましたね。一番多い時だと、千枚くらい売っていたかな」

二十五万円から五十万円と、かなりの収入になる。チケットがさばけなくて苦戦する役者も多い中、松田はどうやってそれだけの数を売ることができたのだろう。

「知り合いをどんどん広げていくだけなんですけどね。だから……やっぱりもともと好きだったんじゃないですかね、そういうことを考えるのが」

立ち上げたばかりの会社のプロモーション方法も、松田らしい。

「僕が会社を作ったことなんて誰も知らないよなと。どうしたら仕事がくるんだろうと考えて、テレビ局や制作会社や劇団など、全然知らないところにいきなりDMを送ったんですよ。厚紙に切れ込みを入れて、名刺を挟んだものを自分で作った。『とりあえず、お電話ください。なんとかします！』みたいなキャッチフレーズを書いてね。どうやるかわからなかったから……何かしらやらないとしょうがないかな、と。そうしたら何社かから電話がかかってきました」

とにかく、やる。やったら結果を出す。

「せっかちなんですよ。先のことをじっくり考えることができない。例えば、彫刻家とかで『十年後に完成予定です』みたいなことを言う人がいるでしょう。十年後に完成するものを、今コツコツやれるの？　すごい！　と思う」

ただ、プロデューサーという現在の仕事としては長期戦略を立てる必要もあるのではないだろうか。

「まあ……今は考えますよ。大人になったので。でもできれば考えたくない(笑)。来月のことだけ考えて生きていきたいです。だって一年後に何があるかなんてわからないじゃないですか」

一つ気になるのは、小劇場での活動を長く続けてきた松田ならば、小劇場の良さを誰よりも知っていたはずだ。大劇場の芝居に対する反発のようなものはなかったのだろうか。

「自分が大きな劇場でミュージカルを手掛けるようになってからは、そういう気持ちを持ったことはありません。昔は、ありましたよ。偉そうに『小劇場こそが演劇だ』と思っていたし、ミュージカルなんて急に歌いだしたりしてヘンだよ！　と思っていましたからね(笑)。ミュージカルをろくに観たこともないのに。でも実際に関わってみたら、僕は所詮井の中の蛙《かわず》だったんだなとわかった。もちろん小劇場の芝居もいい

ものだと思っていますが、狭い世界しか見ていなかったんだと気づきました」

今、2・5次元ミュージカルの世界を知らない人が「2・5次元ミュージカルなんて」と拒否反応を示したとしても、松田が「それはしょうがない」と思えるのは、自分もミュージカルに対してそんな思いを抱いていたからだったのだ。

「だから、今の僕の一番大事な仕事は、まずは一回劇場に来てもらうこと。そうしたら、もう一回来させること。もちろん好き嫌いはあるから、自分には合わないと思われるかもしれない。でも十人来たら、僕の感覚では七、八人はまた来たいと思ってくれるはずです」

本気でビジネスをやろう、と思っている他業界の人に入ってきてほしい

中国、シンガポール、フランスなど世界各地で公演が行われるようになり、2・5次元ミュージカル作品は「世界で戦える」ことが証明されつつある中、松田が懸念しているのは、人材不足だ。

「日本では、今まで日本オリジナルのミュージカル作品を作ってこなかった。ほとん

どが、欧米で上演されたミュージカルの日本版です。日本で一番大きい劇団である劇団四季でも、人気があるのはディズニーの『ライオンキング』、『リトルマーメイド』、『アラジン』などです。日本にはオリジナル作品を作れるプロデューサーはすごく少ない。小劇場の芝居を作れる人はいます。でも商業ベースの舞台とかミュージカルを作れるプロデューサーは本当に数少ないんです。作れる人たちが出てこないと、未来は暗い。だからどんどん若いプロデューサーに出てきてほしいなと思います」

これだけ浸透してきたら、手を挙げる人も多そうに思うが、増えているのは「制作進行をする人」なのだという。

「例えば稽古場をまわすとかチケットを売るとか、そういう物理的な作業をする人間は、うちの会社に限らず、増えています。だけど『設計図を描く』仕事は、それとはまったく違うんですよ。もちろん、若い世代の人が制作会社を作ったり、一生懸命プロデュースしたりもしているので、それは頼もしいとは思うんですけど……もっともっと優秀な人材がたくさん来ないといけない。

ブロードウェイのプロデューサーになるのは、ハーバード大卒とか、ものすごく優秀な人たちです。証券マンになるか弁護士になるかブロードウェイのプロデューサーになるか、みたいな選択をしてきている。ミュージカルが、ビッグビジネスだからです。ブロードウェイでは、ヒットしたらロングランになるから、ものすごい額のお金が動く。『オペラ座の怪人』なんて、三十年以上続いているでしょう。そんなエンタメ、ほかにないですよね。どんな映画だって三十年間映画館で上映され続けたりはしない。これだけビッグなビジネスになるのはミュージカルだけです。だから優秀なプロデューサーが集まるし、新しい作品を貪欲に作る。でも日本では公演の期間が決まっていて利益も限られているから、本気でビジネスをやろうという人たちはまだ集まってこない。今だったらＩＴの社長さんになろうと思うかもしれないですね。彼らは野心もあって、頭もいい。そういう人たちが来てくれないと、世界では勝てないと思うんですよ」

だから松田は、既に動いている。「ＩＴの社長さん」に、声をかけているのだ。

「知り合う機会があると、劇場に連れていって、観てもらうようにしています。今、ＳＨＯＷＲＯＯＭの前田裕二《まえだゆうじ》さんを、よく劇場に連れて行ってるんですよ。プロデューサーになってほしいなと思って、仕込んでいる（笑）。多くの人が、今までほとんどミュージカルや演劇を観てきていないんですよ。この仕事は、好きじゃないと、なかなかやれないですから、まずは観て好きになってもらおうと。みんなね、観ると感動してボロボロ泣き出すんですよ。素直な人たちだから、うがった見方をしないんです。

まあ、ビジネスセンスがあって、しかも2・5次元ミュージカルへの情熱や愛情がないといけないので、プロデューサーになるのはハードルが高いことではありますけどね。……あ、ちなみに僕自身は、情熱はありますが、ビジネスセンスはないです（笑）。あるように見えているだけ。戦略勝ちじゃないんですよ。たまたま右か左かという分かれ道に来た時に選んだ道が合っていただけ。本当の意味でプランニングをしてビジネスしているわけじゃないな、と自分で思う。先ほど十年後を考えられないっていう話をしましたけど、僕は短距離ランナーなんです。計画的にフルマラソンを走りきることはできない。ずっとダッシュしちゃうタイプ（笑）。これからは、長距離型のプロデューサーが出てこなきゃだめです」

プロデューサーだけでなく、演出家や作曲家も、「足りていない」。

「オリジナルのミュージカルがほとんどないということは、オリジナルのミュージカルの曲を書ける作曲家が少ないということ。いいミュージカルって、メロディがいつまでも残るんです。一回観ただけでも口ずさめるぐらいのメロディがあるのが、生き残れるミュージカル。例えば『キャッツ』の『メモリー』なんてそうでしょう。なんとなく耳にしただけでも、歌えてしまう。そういうメロディメーカーが日本にも出てこないとダメですね。前に、槇原敬之《まきはらのりゆき》さんに一曲だけミュージカルの曲をお願いしたことがあったんですよ。それがやっぱり素晴らしくて……ポップスのほうには、メロディメーカーがいるんだな、と思った」

実際、松田はポップス畑の作曲家を積極的に起用している。ミュージカル『刀剣乱舞』二部のライブの曲は、ポップスの作曲家たちにコンペ形式で依頼をしている。

「普段有名アーティストに楽曲を提供している人たちにお願いしています。だから、すごくかっこいいですよね」

本書（第3章）に登場する和田俊輔《わだしゅんすけ》は、松田も認める、数少ないミュージカル曲が書ける作曲家の一人だ。

「和田さんも、もともと僕と同じ演劇畑の人。劇団で音楽を作っていたら、2・5次元ミュージカルに引っ張られた。巻き込まれ型の作曲家ですよね（笑）。和田さんって、すごくニュートラルなんですよ。作曲家さんって『俺はこういうのが作りたい！　こういうのじゃなきゃ作りません！』みたいなアーティスト型の人もいるじゃないですか。でも和田さんは人の話をふんふん、とちゃんと聞いて、どういうものが求められているかを受け止めて、更にブラッシュアップしてめちゃくちゃかっこいいものにして出してくる。すごく優秀な人だと思います」

「ちゃんと聞いて、受け止める」ことは、2・5次元ミュージカルの作曲をする上で特に重要なのだという。

「作品によって求められていることが全然変わってきますから。和田さんはうちの作品だとミュージカル『黒執事』とかハイパープロジェクション演劇『ハイキュー!!』とかいろんな作品でお願いしているんですけど、まったくカラーが違いますよね。それぞれを受け止めて、自分なりに消化して作る、ってすごい能力だと思います。キャッチボールで言うと、投げるだけじゃなくて、受け取ることがやれるんだと思う」

第2章に登場する、演出家の茅野《かやの》イサムについても「茅野さんも、巻き込まれ型」だと笑う。

「茅野さんも、もともと小劇場で役者をやって、演出をやって、いつのまにか2・5次元ミュージカルに巻き込まれていた。すごく情熱があって、厳しい人ですね。だけど演劇に対する愛は、誰にも負けない。信頼して、作品を預けることができる人です」

巻き込まれた人ばかり、というのがおもしろい。

「ある程度の年齢の人だと、巻き込まれた人しかいないんですよ。だって、2・5次元ミュージカル自体がもともとあったものじゃないから。衣裳さんだって、メイクさんだって、みんなそうです。

ただ徐々に、巻き込まれ型ではない人も出てきているんですよ。例えば演出家の中《なか》屋敷法仁《やしきのりひと》さん。彼は自分からやりたいと言って入ってきた人で、舞台『黒子のバスケ』の演出を手掛けたりしている。役者さんも、若い世代は2・5次元ミュージカルがやりたいと言って勉強してくる人もいます。漫画とかアニメに対して最初からリスペクトがある人たちが、入ってきている。僕らは、母親に『漫画ばっかり読んでると馬鹿になるよ』って言われてた世代ですからね(笑)。でも今の子たちは親も漫画世代。憧れていたあのキャラクターになれる、っていう喜びがあるんじゃないですかね。これから、自分で2・5次元ミュージカルの世界を目指す人が、どんどん出てくると思います」

いろいろなジャンルから、いろいろな人に、2・5次元ミュージカル業界に来てほしい——。松田の気持ちはぶれないが、大勢の人が流入してくることで起ることへの不安はないのだろうか。

「基本的にはないです。ただ……つまらないものを作るのだけはだめです。なぜかというと、劇場に来てくれた人に『2・5次元って、こんな感じなのか』ってつまらない思いをさせてはいけないから。そういうお客様はそこから十年……いやもしかしたら一生劇場に来ないかもしれない。今回つまらなかっただけだろうから、次また観に来よう、なんて思ってくれないですよ。つまらないものを作るのは、この世界において大罪なんです。だから、どんな人が参入してきてもいいから、とにかくおもしろいものを作ってね、っていう気持ちです。もちろん、つまらないものを作っちゃうことはあると思うんですよ。僕だってあるし、それはしょうがない。一回たりともハズレを出さない、おもしろいものを作るという気持ちを持っていてくれよ、ということです」

僕の根本に、芝居を信じる力がある

松田の話は、説得力に満ちていて、聞いていて飽きることがない。取材中、何度も場に笑い声が起こった。原作サイドや役者へのプレゼンがどんどん通る理由が、よくわかる。

「僕は口で生きているタイプなので、プレゼンは得意です（笑）。よくうちのスタッフにも言うんですけど、プレゼンのポイントって『おもしろそう』と思わせられるかどうかなんですよ。どんなにデータを出しても、どんなすごい理論を言っても、おもしろそうじゃなかったら、人は絶対にやるとは言わない。だからおもしろくプレゼンすることが大事なんです」

だが、その「おもしろく」が難しいのだ。

「難しいですよね。でも本人の中に『この作品の、ここがおもしろい』というものが浮かんでいれば、それをちゃんと伝えればいいだけなんですよ。嘘をついたら、バレてしまう。

　最近は昔と違って、これをやりたいと思って原作の権利を持っている会社にお願いに行くと、ほかに何社も来ていたりする。そうすると、勝たなきゃいけなくなる。その時に、自分のイメージをいかに伝えるかが重要なんです。具体的にこういうギミックを使って、お客様にはこういう感情になってほしい、というのを、まるでここに舞台があるかのようにプレゼンします。昔、役者をやっていたことが一番生きるのは、プレゼンの場かな。僕は初対面の人と会ってもそんなに緊張しないし、表現力も

多少はあると思います。それに、声がでかい（笑）。声って、意外と大事なんですよ。モソモソ話すプロデューサーなんて、ちょっと怪しいですよね。大丈夫かな？　って思われてしまうでしょう。役者をやっていてよかったなと思いますね」

冗談まじりにそう語っていた松田だが、ふと真面目な顔でこう言った。「プレゼンする時に本気でいけるのは……僕の根本に芝居を信じる力があるからだと思うんです」

「小学生のあの時、芝居に出会っていなかったら、つまらない人生だったと思う。もしかしたら、今生きていなかったかもしれません。今、人生がすごく楽しい。これは全部、芝居のおかげなんです。芝居に救われたという思いが僕の中にずっとある。僕自身が芝居の力を信じているから、プレゼンする時も本気でいける。いつも、この作品で救われる人がきっといるはずだと、心の底から思えるんです」

芝居の力を、2・5次元ミュージカルの力を本気で信じている松田誠が、きっと世界のエンターテインメントを変える。私たちは、時代が大きく動く瞬間に、居合わせているのかもしれない。

左上は、シェーバー。打ち合わせやプレゼンの前には、必ず髭を剃る。ジャーの中身はソイラテ。後天的な乳製品アレルギーで牛乳を控えているため、豆乳で秘書が作ってくれる。手帳カバーもかなり使い込まれている。「買い替えたらどうですか？　って言われるんですけど、馴染んでいるからこのままで」と松田。手帳には、通し稽古を見ての「ダメだし」メモがぎっしり。「後から演出家に伝えます。結構辛辣《しんらつ》なことが書いてありますね。『最近ギャグが寒い』とか（笑）」（松田）

第2章

演出家

茅野イサム

Isamu Kayano

「キャラクター」と「役者」がスパークする瞬間を見たい

茅野イサム（かやのいさむ）　PROFILE

1986年、横内謙介、岡森諦、六角精児、杉山良一を中心に旗揚げした劇団「善人会議」（現・「扉座」）入団。劇団の中心的な俳優として活躍。
2002年『そらにさかうふもの』以降、演出家として活動を開始。ストレートプレイから大劇場のミュージカルまで様々な舞台を演出している。

主な作品に『サクラ大戦』シリーズ（2003〜08年）、安倍なつみ主演ミュージカル『おかえり』、ミュージカル『エア・ギア』、D-BOYS STAGE『完売御礼』『鴉〜KARASU〜』『ラストゲーム』『淋しいマグネット』、『パッチギ!』、劇団EXILE 華組×風組合同公演『ろくでなしBLUES』、スーパーミュージカル『聖闘士星矢』、『マクロス ザ・ミュージカルチャー』、ニコニコミュージカル『千本桜』、ミュージカル『AKB49〜恋愛禁止条例〜』、ロック☆オペラ『サイケデリック・ペイン』、舞台「マジすか学園」〜京都・血風修学旅行〜、舞台『東京喰種トーキョーグール』、舞台『犬夜叉』、ミュージカル『刀剣乱舞』など。

体育館のように、広々とした稽古場。その一辺をふさぐように、巨大な階段が置かれている。

パリで行われた、三度目のミュージカル『刀剣乱舞』～阿津賀志山異聞《あつかしやまいぶん》～（ミュージカル『刀剣乱舞』～阿津賀志山異聞２０１８ 巴里～）の、凱旋公演に向けての稽古が始まっていた。

演出家の茅野イサムは、椅子代わりのバランスボールに座ったまま、役者たちの動きをじっと見つめている。時折すっと立ち上がり、役者の近くまで行って声をかける。

台本は、ほとんど開かない。

「頭の中に入っているので、台本は必要ありません。書き込みもしないです。ただ全部決めてはいますが、目の前のことに集中するようにはしていて。最初のイメージにとらわれすぎるのもよくないですから」

茅野が「特にこだわる」という、ファーストシーンの稽古が始まった。

「物語はどう始まるんだろう、と考えることにすごく時間をかけます。そこは台本作りの段階で作家さんとも相当話しますね。三度目の『阿津賀志山』なので、物語はこれまでと同じ。でもファーストシーンは変えました」

なぜ今回は、変えたのだろう。

『刀剣乱舞-ONLINE-』のゲームって、何度も何度も同じ場所に行く……ループしますよね。でも、最初にこの場所に来た時と、ほかの場面を経験してこの場所に戻ってきた時とでは、プレイヤーの気持ちは変わっているはず。だから舞台でも、これまでの歴史も踏まえて、またここに戻ってきたということを示したいと思いました」

稽古場にテーマ曲が響くと、「刀剣男士」を演じる六人の役者が勢いよく大階段を駆け上がり、美しいフォーメーションで、見得を切るようにサッとポーズを決める。完璧な画《え》ができあがっていた。まだ稽古の段階だというのに、一瞬で心が持っていかれる。

大階段は、もともと「苦肉の策」として生まれた舞台装置だという。

「二〇一五年に最初に『阿津賀志山』をやることになった（2・5次元ミュージカル専用劇場の）アイアシアターは、ちょっと特殊な形をしていて。すごく横に長いんです。で、天井が低くて、奥行きがない。普通の劇場というのは、吊り物といって、パネルのようなものを上から吊ったり、上に飛ばして隠したりできるんですが、それもできないんですよ。

演出家にとって、場面転換をいかにダイナミックに、おもしろく見せるかということはすごく大事なんです。でも、アイアシアターは、一度飾った道具を、そのまま使う〝一杯飾り〟ということしかほぼできない劇場。暗転を使えば、どんな劇場であっ

ても場面転換はできるんですが、できればそれは使わずに、わくわく感を増すような場面転換をしたいと思っていて。じゃあどうするか、ということを（舞台）美術家の金井《かない》勇一郎《ゆういちろう》さんと話していく中で、いっそ広い間口をそのまま生かした大きな装置を作ろう、ということになりました。それで横幅二十メートルいっぱいに広がる階段を作ったんです」

こうして階段が左右に割れるなど、ダイナミックな場面転換が可能になった。

「ただ、あの階段のせいで、役者にはものすごく負担がかかっているんですよ。あんなにたくさん駆け上がったり、あんなところで戦ったりすれば、体力を消耗する。六人は若いからまだいいですけど、ちょっとお年を召しているキャストたちにとっては本当にきついと思う（笑）。終わったら、みんなアイシングしていますよ。演出する側としても、階段があることで、制約も出てきますしね。でも、これが演劇の不思議なところなんですが……ただずどんと広い空間があればおもしろいかといったら、そうではない。あの階段が手かせ、足かせになる部分がすごくあるんですけど、そのおかげで浮かぶ画や演出もある。制約があることで生まれてくる表現というものが、たくさんあるんですよね」

確かに、先ほど見せた六人のあのフォーメーションは、段差がある場所で行うからこその美しさだ。平らな場所で同じことをしても、奥にいるキャストの姿は見えづらくなり、完璧な陣形にはならない。演出というもののおもしろさの一端に触れた気がしてくる。

茅野の人物像について尋ねると、プロデューサー・松田誠（第1章）も、俳優・佐藤流司（第4章）も、口を揃えて「厳しい人」だという。この日の稽古では、終始穏やかな茅野の姿から、その厳しさを感じ取ることはできなかったが、茅野自身は、そう言われることをどう思っているのだろう。

「自分ではことさら厳しくしようとしているつもりはないんですけど、いつのまにか周りからそう言われるようになってしまいました。ほかの演出家の方たちは、よほどお優しいのだろうなと（笑）。僕は劇団育ちなので、演劇の稽古は厳しいのが当たり前だと思っていたんですよ」

「厳しい」ということは、作品に対してそれだけ真剣に向き合っているということでもある。松田が茅野に「信頼して、作品を預けることができる」と言ったのもきっと、そうした理由からだろう。

「最初から信頼してもらえていたわけじゃないと思いますが……そう言ってもらえるのはありがたいですね。僕がやる以上は、プロデューサーの方にも、クライアントの方にも、心配をおかけしないように、と思っています。すべて任せてもらいたいというか……裏を返せば、口を出されるのが嫌い（笑）。僕に迷いがあると、周りも心配になって、何か助言しなきゃと思ってしまいますよね。だから僕は、迷わずに、作りたいと思うものを作らなくてはいけないと思っています」

そう話す通り、茅野の言葉には迷いがない。やわらかい話し方の中に、演劇というものに対する確信のようなものが、常にある。

2・5次元の演出家は時間をかけて〝武装〟しておかなければいけない

2・5次元ミュージカルにおける演出家の仕事は、何から始まるのだろう。

「まずは、その作品を知ろうとすること」だと、茅野は言う。

「僕は、もともと漫画も読まないしアニメも観ないんですよ。だから大抵お話をいただいた時に、その作品を知らないんですね。なので、漫画なら全巻読むし、アニメなら全話観て、ゲームならやり込む。ゲームが一番やっかいですよね。やり込むのに時間がかかるので」

ゲームが原案のミュージカル『刀剣乱舞』の時は、「途方に暮れた」という。
「どこまでやれば、この作品のことがわかるんだろう、と思いました。ストーリーというものがほとんどなくて、どうやってお芝居にするの？　と思いましたし、立ち絵とちょっとセリフがあるぐらいで、キャラクターがほとんど動かないので、いくらやってもキャラクターもつかめてこなかった。でもやるしかないなと思って、本当に寝ずに、ずうっとやっていましたね。生まれてこの方、あんなにゲームをやったことはないです（笑）」
作品を本当に理解するための、地味

だが、大切な工程。

「何となくわかった、ではだめなんですよ。だって、お客さんは僕より先にその原作と出会って、読んだり観たり、やったりしてきているわけでしょう。それを僕たちが付け焼き刃で舞台にしてしまったら、すぐにお客さんにばれてしまう。特に演出家は、誰よりもその作品を理解していないと、役者に対しても、スタッフに対しても『こういうものが見たい』と、ものが言えない。だからまず胸を張って、スタッフや役者の前に出られるように〝武装〟しておかなくちゃいけないんです。それには時間をかけないと。もちろん解釈なんて何万通りも無限にあるので、そこは割り切っています。でも〝僕の思う〟この作品、このキャラクターはこうです、と言い切るところまで理解して、自分の中に作品を落とし込んでおかないと、怖くて演出なんてできません」

それができた時、茅野の中に、その作品の世界が立ち上がってくるのだという。

「いろんなことが見えてくる。先ほど言ったように、稽古場に入る前に、最初から最後まで演出のプランはできあがっています。だから稽古場で演出に悩むことってないんですよ。稽古が進むのも早いほうだと思います。これも先ほど言いましたが、稽古をしていく中で、もっとこうしたほうがいいなと思ったら、決めていたものを壊すことはあります。でも、最初に決めた〝こういうもの〟は常に頭にある」

原作漫画を読み込んだり、原案のゲームをやり込んだりする中で、〝こういうもの〟の種となるものとは、どんな形で浮かぶのだろう。

一枚の絵としてなのか、もっと全体的な雰囲気なのか、テーマなのか、それともセリフなのか――。例えば、「刀剣乱舞-ONLINE-」のゲームをする茅野の頭に、最初に浮かんだものは？

「『なぜこの子たちは戦っているんだろう』という疑問です。もちろん、『歴史修正主義者から、歴史を守るため』ということはわかっていますよ。だけど、刀剣男士それぞれに戦う意味があるはずだし、戦いの中でそれぞれが感じることもあるはずで。僕はそれを、舞台にすることで、理解したいと思いました。歴史を守るためでしょう、と入り口のところで思考を止めてしまわずに、もっと掘り下げていきたいんです」

刀剣男士たちが戦う姿に、切実さやせつなさが濃厚に漂うのは、茅野のそんな思いが根底にあるからなのだ。

自分の中に作品を落とし込んだところで、まず相談するのは脚本家だ。

「台本がなければ話にならないので。『今度はこの刀剣男士を出したいんだよね』とか『こういう時代だとおもしろいんじゃないか』とかいうようなことを、プロデューサーの意見も交えながら、あれこれ話しつつ、だんだん台本の形が決まっていく」

ここで「演出家になっていつも思うのは、全部人にやってもらっているな、ということです」と、松田と同じことを言う。
「打ち合わせはしますけど、結局は脚本を書く作家さんの作家性に頼るしかない。2・5次元って原作があるので、ストーリーはある程度は決まっていますよね。でも同じストーリーだとしても、登場人物の言葉や、目に見えない行間をどう捉えるか、お芝居の中に流れる空気みたいなものをどう表現するかは、作家さんが自分で考えて、その人が思うように書くしかない。だから僕の演出家としての最初の仕事は、作家さんに気

持ちよく、いいものを書いてもらうこと。編集者の仕事と似ているかもしれませんね。そのためなら、何でもしますよ。必要なら一緒に飲みに行ったりもしますし、家に行って打ち合わせすることもあります」

脚本が完成したら、次は作曲家、舞台美術家、衣裳、ヘアメイク……とあらゆるプロフェッショナルたちとの打ち合わせが始まる。そして最後に「役者さんにいい芝居をしてもらう」ところに行き着く。

「どこかサービス業的なところがありますよね」と笑うが、全方位的に何かを「決める」ことの負荷が、茅野一人の肩に乗っている、ともいえる。

「舞台の演出家には、特にそれはありますね。ある有名なテレビドラマの演出家の方が、初めて舞台の演出を手掛けた時におっしゃっていたんですけど、『テレビの仕事は、自分の後ろに役者とスタッフを従えているような感覚。でも舞台の仕事は全員が自分を見ている感覚だ』と。要するに、舞台の演出家には、味方はいなくて、ひとりぼっちだ、ということ。その頃、僕はまだ演出をやったことがなかったので、役者の感覚で『そうなんですか』ぐらいにしか思わなかったんですよ。でも自分が演出家になって、あの言葉を思い出したら『ああ……わかるな』と思いました。

僕が何かを決めて、オーダーしないと何も進まないし、その判断をちょっと間違えたら、大勢の人にとんでもない迷惑をかけてしまったりする。例えば舞台装置なんて、大きなものだと何千万円もしてしまう。簡単に作り直すことはできません。でも現場で『やっぱり違う』と思って、急きょ塗り直してもらったこともあります」

「違う」と気づいたのに黙っている、という選択肢はない。よけいなお金や時間がかかって迷惑をかけることになっても、良いものを作るために言わなければいけないことがあるのだ。

「できあがってきたのを見ないとわからないことってありますからね。すごく責任が重いなと思います」

役者にはかっこよくあってほしい

「僕は、当たり前のことを当たり前に作る演出家だと思っています。こうきたら、こうくる、ここはこう見せるべきだよね、というタイプの演出をする」

確かに、ミュージカル『刀剣乱舞』には派手な演出や奇をてらったような演出はほとんど見られない。ほかの2・5次元ミュージカルと比べても、どちらかといえばオーソドックスに、じっくりと見せていく手法をとっているように思える。

「ＫＥＲＡ（ケラリーノ・サンドロヴィッチ）さんや野田秀樹《のだひでき》さんみたいな演出はできない。そういう方の作品を観て『すごい！　天才だ！』とよく思ったりしています。演出家として特異な才能を持っているわけではないことを、自覚しているんですよ」

だが、じっくりと見せておいて、ここぞという場面で観客の気持ちを一気に引き上げる、ケレン味あふれる「かっこいい」演出は、茅野ならではのものだろう。

「僕ね、かっこいいことが本当に好きなんですよ。役者がかっこいい芝居をしてくれると、心の中で『かっこいいなあ！』って思っています。本人たちには言わないですけどね、絶対（笑）。高校生の頃に嵌《は》まった、つか（こうへい）さんの影響もあると思います。（『熱海《あたみ》殺人事件』の主人公）木村伝兵衛《きむらでんべえ》がこっちをギロッとにらんだ時に『いやあ！　かっこいい！』って思ったんですよ。その感覚がずっとあるので、やっぱり役者にはかっこよくあってほしい。役者には、物語とか、キャラクターを超越する瞬間を見せてほしいんですよね。それがなければ、舞台に立つ意味がない。稽古をしながらでも、僕の演出なんてものを突き破って、その人が出てくる瞬間というものを、いつも心待ちにしています。それが見られた瞬間に『いやあ！』って思います（笑）」

2・5次元作品は、キャラクターの魅力を見せるためのものでもあるが、役者そのものの魅力も見せる必要がある、ということだろうか。

「その二つが〝相まっている〟ということだと思うんですけどね。うまく言えないんですけど、2・5次元ミュージカルで、たまに僕が見ていて嫌だなと思うのは、役者がキャラクターの奴隷になっている場合。役者が、ただキャラクターの真似をするというか、なりきることに全力を注ぐのは違う、と思っていて。2次元のキャラクターを、生身の人間である役者が演じることの意味は、絶対にある。だからキャラクターの中に役者自身が出てきていいと、僕は思っているんです。もともとアングラ演劇で育っているので〝特権的肉体〟……その人間の持っている特殊性みたいなもの、その人しか持っていない肉体や声、そういったものがちゃんとキャラクターと共存していなければいけないと思うし、その二つがスパークする瞬間が見たいなと思う。それこそが、演劇的な体験なんだと思っています」

生ゴミに埋まるような芝居をやっていました

茅野が演劇を始めたのは十八歳の時。高校を卒業してすぐ、劇団に入った。

「ちょっと難解なお芝居をやっている、アングラな劇団に誘われまして。唐十郎《からじゅうろう》さんたちのアングラ第一世代よりは、ちょっと下の人たちがやっている劇団でした。生ゴミが

バンバン降ってきて、役者がそれに埋まっていく……みたいな前衛的な芝居をやっていましたね。最初は満席だったのが、みんな途中で逃げ帰っちゃうんですよ。で、そのスカスカな客席を見て『よし、勝ったぞ!』みたいなことを言ったりする(笑)。まだ子どもでしたから、最初はよくわからなくて、言われるままにやっていたんですけど、だんだん本当にこのお芝居を続けていいのかなと思うようになっていって」

一九八〇年代、演劇界では「小劇場ブーム」が起こっていた。野田秀樹の「夢の遊《ゆう》眠社《みんしゃ》」、鴻上尚史《こうかみしょうじ》の「第三舞台」など個性的な人気劇団が次々と誕生していた。

「僕もこういうおしゃれでおもしろいお芝居がしたいな、と思ってしまった。僕のいた劇団は、年上の方たちが多かったので、同世代とやりたいなという気持ちもあった。それからたくさんほかの劇団の芝居を観るようになって、『善人《ぜんにん》会議』……今の『扉座』の、横内謙介《よこうちけんすけ》演出『夜曲～放火魔ツトムの優しい夜～』というお芝居に出会いました」

「扉座」は、茅野が、のちに入団することになる劇団だ。

「『夜曲』が本当におもしろくて。すごくわかりやすかったし、何よりストーリーに感動したんですよ。自分がそれまでやってきた演劇は、目の前にいる圧倒的にすごい役者さんに、意味はわからないけど魂を揺さぶられる……みたいなものだった。それはそれですてきな演劇だったとは思うんですけれど、物語で人を感動させていいんだ！と思ってしまった。今では当たり前のことが、新鮮に映ったんですね。『絶対この劇団に入りたい。ここに僕の居場所があるかもしれない』と思いました。観終わってすぐに、横内謙介に会いに行って、『入れてくれ』と言ったんですが、不気味がられて。突然、目がギラギラしたやつが来たら、確かに不気味ですよね（笑）。『君のことをよく知らないから、今度君の劇団の公演があったら教えてください。どんなお芝居をするか見てから考えます』と。やんわり断られたということですよね。絶対に観に来てくれるはずがないですから」

だがここで、茅野はあきらめないどころか、すごい行動力を発揮する。

「千秋楽の日に、自分でなぐり（カナヅチ）を持っていって、勝手にバラシ（舞台装置の撤去）を手伝ったんですよ。当時、善人会議もスタッフを雇ったりはできないので、役者も総出でバラシをしている。当然慣れていない人たちがやるので、手を動かすのは遅いですよね。でも僕は、大道具のバイトもしていたので、バラシはセミプロ級でした。一人でどんどんバラして、トラックも運転して。みんな『すごい助っ人が来てくれた！』と思っていたみたいで、すごく感謝されました。

その後の打ち上げにも勝手に乗り込んで座っていたら、遠くの席で横内が不気味そうに僕のことを見ていました。なんであいつがまたいるんだ、って（笑）。でも打ち上げでみんなと和気あいあいとやっている僕を見て、折れたみたいで。『次回、君のために役を書きます』と言ってくれた。それで次の公演から押し掛けたというのが、始まりです」

役者の卵たちと一緒に、演出家の僕が育っていった

小劇場ブームの中、善人会議が年に四本行う公演もソールドアウトが続いていた。「いい時代に入れた。紀伊國屋《きのくにや》ホールのような大きなところにも進出して。時代の波に乗っているという感覚がありましたね」

劇団員の生活というと、苦労話になることが多いが、茅野の口ぶりは弾んでいる。

「本当に楽しかったんです。でも芝居だけで食えているかといえば、食えてはいません。ミュージカル『刀剣乱舞』は一本の公演で何万人もお客さんが入りますけど、僕らは三千、四千、多くても六千人ぐらい。でも当時は二千人超えれば、すごい人気劇団という時代でしたから、六千人でもすごく多かったんですよ。それでも僕らにギャラなんて出ません。逆に劇団が忙しくなればなるほど、バイトが入れられなくなるので、

お金がなくなっていく。それが小劇場の世界なんですよ。どうにもならなくなって消費者金融に行って七万円借りようとしたんですが、どこに行っても断られて……俺は七万円の価値もない男なんだと、人生で一番落ち込みましたね」

　十万円でも五万円でもなく、七万円という数字がなんともリアルだ。

「七万円あれば、ひと月何とかやっていけるので（笑）。でも、生ゴミにまみれた芝居に出ていた男からすれば、紀伊國屋ホールとか本多劇場とか大きな劇場に立って、お客さんもすごく沸いてくれる状況が、本当に嬉しかったんですよ。お客さんからプレゼントを頂くこともあったし、みんなちょっとしたスター気分でうぬぼれていましたね、僕らも。このままどんどん有名になって、テレビとか映画とかにバンバン出るんだぜ！　とか思っていました」

　だが小劇場ブームが去ると、劇団は停滞期を迎える。

「横内謙介はどんどん有名になっていくんですけど、役者は誰も売れない。今でこそ、（同劇団員の）六角精児《ろっかくせいじ》が売れていますけど、当時は僕らの劇団にはテレビや映画に出る役者はいませんでした。横内がスーパー歌舞伎だとか、すごく大きな作品を書くようになると、劇団の公演回数は減っていった。それでも、横内はよく劇団を畳まなかったなと思うんですけどね」

それまで演出家の仕事に「まったく興味がなかった」茅野が、演出家へと舵《かじ》を切るのはこの頃からだ。

「公演回数が減っても、僕は劇団を維持したいと思っていたし、発展させたいなと思っていた。そのためにも、自分たちの稽古場がほしいなと思ったんですよ。それで、扉座の養成所を作った。その授業料で、稽古場を維持しようとしたんです。ただ研究生たちを教える講師はというと……養成所を作った僕しかいない。生徒たちの卒業公演でやる芝居も、結局僕が書いたこともなかった台本を書いて、したこともなかった演出をすることになった。でもやってみたら、おもしろいと思ったんですよ。それに僕の演出を、結構いろんな人が褒めてくれて。役者をやっていた時は、そんなに褒められたことがなかったのに(笑)。

そういえば、松田さんが初めて僕の芝居を観たのは、その養成所の公演なんですよ。松田さんがワークショップで教えていた人が、うちの養成所に入ったらしくて。まったく期待せず観に来たらしいんですけど、終わった後、その研究生に『この演出家、才能あるよ。そう伝えておいて』と言ってくれた。後々、それが松田さんだったことを知るわけです」

誰からも演出方法を学ぶこともなく、突然始めた演出の仕事は、完全に我流だった。

ミュージカル『刀剣乱舞』～阿津賀志山異聞～

「最初は、口立《くちだ》てですよね。自分がそのセリフをしゃべって、自分が動いてみせるしかなかった。でもそうすると、みんな僕みたいな芝居をしちゃうんですよ。リトル茅野がたくさんいる（笑）。これはいかんなと思って、試行錯誤しましたね。いっぱい失敗しましたよ。僕が『こうやってみてよ』って言って、研究生がやると、思っていたのと違ったりするから、次はまた違うことを言う。それを繰り返していると、役者は演出家に不信感を持ってしまうんですよね。思っていることを言葉で伝える難しさ、役者と信頼関係を結ぶことの難しさを、早いうちに経験できたことは大きかったですね。役者の卵たちと一緒に、演出家の卵である僕が成長できた場だったなと思います」

劇団に対する思いが、その熱い話しぶりから伝わってくる。

「劇団がなかったら今の僕はない。劇団って、トライアル・アンド・エラーが許される場なんですよ。もちろんおもしろくないものをやったら観に来てくださるお客さんに申し訳ないし、おもしろいと思ってもらえるものを作ろうと思ってはいます。でも自分たちがどうしてもやりたいものをやって、それで失敗したら、自分たちで責任が取れる――それが劇団のいいところなんです。今演出家としてやっているお仕事は、そうじゃない。何でも好きなことをやっていいわけではないし、絶対に失敗は許されません。

劇団は逆にその失敗が糧《かて》になって、次に生かされるんですよ。継続して、経験を積み重ねていくことが大事なんです。年間三本とか四本公演があったら、一本くらいはハズすことがある。十割バッターで居続けることはできません。でもそのハズレから何を学ぶか、なんですよね。役者も、劇団員だったら新人のうちは下手な芝居をしたっていい。起用しながら育てていくんです。それに芝居がうまい役者ばっかり使っていてもおもしろいものにはならないし、劇団自体が成長していかない。役者は、思い切り恥をかいて、次に生かせばいい。

でも劇団じゃないところでデビューした役者さんたちは、いきなり大きな舞台に立って、もし失敗したら、次は使ってもらえない。今の若手たちは、劇団出身じゃない人が多いので、みんな厳しい状況の中で頑張っているなと思いますね」

茅野は、「経験」という言葉を、何度も使った。劇団員時代に積み上げてきた経験が、今の茅野を作っているのだということが、よくわかる。

2.5次元とほかの演劇との壁をなくしたい

養成所だけでなく劇団の公演も演出するようになった茅野のもとに、二〇〇三年、外部の仕事依頼が舞い込む。サクラ大戦スーパー歌謡ショウ『新宝島』だ。茅野が最初に演出を手掛けた2.5次元ミュージカルでもある。

原作の『サクラ大戦』はゲームで、アニメ化もされた大人気作。ゲームの総合プロデューサー・広井王子《ひろいおうじ》の脚本・演出により、一九九七年から「歌謡ショウ」(※)と題して幾度も舞台化されており、茅野も観客として観たことがあったという(※「歌謡ショウ」ではないミュージカルシリーズも別途存在する)。

「最初は役者として出演をオファーされたんですよ。でも、ちょうど劇団の公演とぶつかっていたので、出られなくて。そうしたら、広井さんが劇団の公演を観に来てくださって。僕の演出を見て『演出を手伝ってよ』と、すごく軽い感じでおっしゃった。実は『サクラ大戦』の舞台を観ながら、ここはこうしたらもっとスムーズに回るんじゃないかなとか、本当に細かい部分で思っていることはあったんですよね。広井さんはもともと舞台演出が本職の方ではないから、僕が隣に座ってそういうことをちょっと助言すればいいのだろうと思って、手伝いを引き受けたんですよ。

でも稽古初日に現場に行ってみたら『茅野さん、ここに座ってください』って演出家席に、ドーンと座らされてしまって……『じゃあ、お願いします』と、広井さんはいなくなってしまった(笑)。アニメの声優さんがそのままキャスティングされているミュージカルなので、目の前には田中真弓《たなかまゆみ》さんとか三ツ矢雄二《みつやゆうじ》さんとか、大御所の方たちがずらっと並んでいて。それまで小さな劇場でしか演出をしていない僕が、すごい役者さんたちの前で、いきなり大きな劇場（青山劇場）での演出を任されてしまった。うわあ、と思いました」

しかも、ミュージカル自体にも、ほとんどなじみがなかったのだという。

「本当に不勉強でお恥ずかしいんですけど、小劇場の役者からすると、ミュージカルに対する先入観があったんですよ。たくさん観てきたわけでもないのに『突然歌いだしたりするミュージカルはちょっと気恥ずかしいな』なんて思っていたわけです。でも、これから演出する芝居はミュージカルで、しかも音楽は田中公平《たなかこうへい》さんというアニメ業界の作曲家の第一人者で。ほかにもプロフェッショナルのスタッフさんが揃っていて……」

むろん、ここで逃げ帰るような茅野ではない。

「ハッタリでも何でも、乗り切るしかないな、と。稽古が始まると、振付師の方が楽曲の譜面を持ってきて『ここなんですけど』と相談してきたりするんですけど、僕は譜面なんて読

KETAM

めません。でも『わからない』と言ったら負けだなと思って、『ん？ ……うん、うん』みたいな感じで本当に全部ハッタリで返しました（笑）。でもわからないままではだめに決まっているので、わからなかったことはすべてメモしておいて、後で一生懸命調べましたね」

毎日「綱渡りだった」ものの、茅野が手掛けたサクラ大戦スーパー歌謡ショウ『新宝島』は好評を博し、以降、「歌謡ショウ」シリーズを七度も手掛けることになった。

「大きな劇場でどのようにお芝居を作り上げるか、というのはここで学ばせていただきました。あとはミュージカルの作り方も。ストレートプレイとは、全然作り方が違うんですよね。音楽が入って、振り付けが入ってきた時に、どう作るか……セリフからどうやって気持ちよく歌に移行していくのか、ということもこの時に経験してわかりました。ここで急に歌に入ったら気持ちが悪いな、だからもうちょっと前奏をのばしてもらって……と、演出しながら、だんだんと画が見えていくんだなと」

演出家とは「技術職」だと茅野は言う。

「感性は当然大事なんですけど、大きな劇場になればなるほど、それだけではだめで。『どう見せるか』ということを、役者の演技に関してはもちろん、音楽も、明かりも舞台装置も、すべてにおいて考えなければいけないんですよね。だから小さな劇場と大きな劇場ではまったく考え方を変えていかないといけない。それは経験で身につけるしかないことなんです。

本当に、広井さんのおかげですよね。かなり無理矢理でしたけど（笑）、大きい劇場での演出経験のなかった僕を、いきなり起用してくださった。なぜそんなことをしてくれたのかわからないんですが……後で聞いたら、『茅野さんならできると思っていました。そのうち名を残す演出家になる方ですから』と言ってくださいました」

それは、広井の勘でもないし、茅野がただラッキーだったわけでもない。劇団で積み重ねてきた経験によって生まれた実力を、広井が見抜いていたからだろう。

歌謡ショウ『サクラ大戦』シリーズは茅野にとって、演劇のエンターテインメントとしての楽しさを教えてくれた作品でもあった。

「熱狂的なお客さんがたくさんいらっしゃる公演だったんです。小劇場のお客さんって、ただ楽しむためではなくて『観てやるよ』的な感じで劇場に来るんですよ。『さあ今度は、どんなのをやるんだ？』という、劇団側とお客さんの〝にらみ合い〟みたいなところがある（笑）。そういう緊張感の中でお芝居を作っていました。でも『サクラ大戦』では、お客さんたちが楽しもうとして劇場に来ていることをすごく感じて。客席にある、エネルギーの種類が違うんですよね。観に来る方たちが劇場の空気を作ってくださって、そこに役者たちが出て行ってさらに盛り上げて、お客さんと共鳴していく。エンターテインメントの良さ、2・5次元ミュージカルの楽しさを、『サクラ大戦』で知りました」

だからといって、茅野は小劇場演劇を否定しているわけでは、もちろんない。

「お芝居としての役割が違うということです。2・5次元ミュージカルが流行って、たくさんの作品が出てきたことはすごく素晴らしいけれど、お芝居には小劇場演劇もあるし、2・5次元ではないミュージカルも、大きな劇場で上演されるストレートプレイもある。お客さんがいろんなものを観られる状況にあるというのが、豊かなことですよね。変な垣根がなくなって、もっと交流が起こるとすてきだなと思っていて。昔は、小劇場演劇と商業演劇の間に垣根があった。小劇場の役者が商業演劇に出ると『裏切り者!』って言われたりするんですよ。今は、2・5次元とそうではない舞台の間にまだちょっと垣根がある気がしていて。2・5次元で活躍している役者たちが、いろんなお芝居で活躍したり、逆に、大きな舞台でストレートプレイをやっている役者たちが、2・5次元でやってみたいと思って入ってきたりしてほしい。現に、黒羽麻璃《くろばまり》央《お》(ミュージカル『刀剣乱舞』三日月宗近役)も、宅間孝行《たくまたかゆき》さんの『タクフェス』に出たりしていますし、これからどんどんそうなっていくんじゃないかなと思っています」

2・5次元が一過性のものにならないように世界レベルの役者を育てなければいけない

ミュージカル『刀剣乱舞』で加州清光《かしゅうきよみつ》を演じる佐藤流司のことは、以前から〈役者として、すごく色気がある〉（「Quick Japan」vol.129 太田出版・二〇一七年）と話していた茅野。それは、佐藤がもともと持っている資質なのだろうか。

「そうですね。悪いやつだから、あいつは(笑)。悪いというか……不良というか。今って、役者が優等生であることを求められているところがあると思うんですよ。でも遊びを知っている人のほうがいい、と僕は思いますけどね。もちろん人目に触れる機会も多い仕事だから、自分を律していかなくちゃいけないところはありますが」

茅野が佐藤を「悪い」と感じるのは、どこなのだろう。

「目ですね。そのことについて話したことはないですけど、『おまえ、やんちゃなこといっぱいしてきただろう』っていうのは見ればわかります。もちろん、役者には悪いところがなければいけない、というわけではないですよ。例えば崎山《さきやま》（つばさ・ミュー

ジカル『刀剣乱舞』石切丸《いしきりまる》役）には、やんちゃな部分はまったくない。でも、彼には彼のおもしろさがありますよね。静かな中に、役者として大成したいという、野心が見える。野心の純度が高いんですよ。やっぱり、お客さんに支持されているような子たちですから、それぞれみんな、魅力的な部分を持っていますよね」

公演を重ねるごとに、役者が成長していく姿も茅野は見続けてきた。特に2・5次元ミュージカルでは役者が大きく変わることが多いという。

「役者って結局、板（舞台）の上

で学ぶことが一番大きいんですよね。2・5次元ミュージカルのように、公演期間が長く、公演回数が多くなるようなものは、それだけ役者が板の上に立つ時間が長くなるわけです。一週間の公演しかできない小劇場演劇と、一か月間公演する2・5次元では、公演が終わった時の役者の成長が確実に違います。稽古場でいくら稽古をしても、得られるものには限界があるんですよ。板の上で、お客さんのエネルギーを浴び続ける中で発見していくことがすごく大きいんだろうなと思います。

それともう一つ、自信が、役者を成長させるんですよね。あれだけ多くのお客さんに声援をもらっていたら、その気になるだろうし、自信が出てくると思う。それに、トップコンテンツのメインキャストを務めているんだという、誇りとか責任感みたいなものも、間違いなく生まれますよね。立場が、彼らを作っていく。最初はその辺の〝お兄ちゃん〟みたいだった子たちが、ふだんの顔つきとか、話し方、立ち居振る舞いまで変わっていきますからね。すごいことだなと思います」

2・5次元俳優に向いている人の条件はあるか、と尋ねると、まず「できたら、〝2・5次元俳優〟というカテゴリーがなくなることが、一番すてきだなと思うんですけど」とひとこと。

「どんなお芝居でも、やはり役者個人に力がないとなかなかうまくはいかないと思います。ただ……言い方がちょっと難しいんですけど、今、2・5次元ミュージカルの作品数が本当に増えてきて、役者もいろいろな人たちが出てきている。みんな厳しいオーディションを勝ち抜いて舞台に立っているので、いい役者ではあるんですが、意識の差というのは大きいなと感じています。ずっと役者として生き残っていくだろうなと思わせる役者と、今回このキャラクターをやるには良かったけど、この先はどうするんだろうな、と思わせる役者とが分かれてきてしまっている。さっきも言ったように、キャラクターを真似ることは、誰にでもある程度できるんですよ。でもそれだけではだめなんです。結局、ほかの芝居と一緒なんですよね。その役者の持っている力があるかどうかだと思います」

茅野の役者に対する「厳しさ」がぐっと顔を出す。だがそれもまた、一人一人の役者と日々真剣に向き合っているからだということが伝わってくる。

若手俳優と仕事をすることの多い茅野の中には、役者を育てたい、という強い思いがある。

「劇団の養成所で指導していた時からずっと思っていますね。作品を作ることと同じか、もしくはそれ以上に、役者が育っていくことは、僕にとって楽しいことなんです。演劇って、作ったそばから消えていくものじゃないですか。ちょっと瞬間芸術みたいなところがある。だけど、人は残っていくから。演劇人として、次の世代を育てていくことにすごく興味があるし、それが僕の重要な仕事の一つだなと思っています。若い役者たちと一緒に舞台を作っていく中で、役者として力をつけてもらいたいなとか、志《こころざし》みたいなものを高く持ってもらいたいなとか、いつも思っています。もちろんミュージカルには歌やダンスの技量がものすごく大事なので、そこに関しても相当努力を積み重ねていかなければ向上しませんから。頑張ってほしいなと思います。

今、これだけ人気がある2・5次元ミュージカルが一過性のものにならずに、この中から世界レベルの役者が育たなきゃいけないし、育てなきゃいけないと思います。実際、今まで日本の演劇界で生まれてこなかったような新しい役者が、ここから生まれてくるような気がしますよね」

2・5次元ミュージカルを通して、日本のミュージカル界、演劇界全体の未来にも思いを馳《は》せる。

「これからもっと、日本独自のミュージカルを作っていきたいと思っていて。僕はもともとストレートプレイ出身の人間なので、『サクラ大戦』の演出をする前に感じていたミュージカルに対する〝気恥ずかしさ〟みたいなものを捨てきれてはいないんですよ。でも実は、この感覚は大事だと思っていて。僕の作るミュージカルからは、気恥

ずかしさをなくしていきたいんです。同じ言葉でも、話す必然性と、歌う必然性を分けて考えれば、セリフと歌が気持ちよく共存できると思うんですよ。なのでミュージカル『刀剣乱舞』では、歌がなくても成立するセリフ劇を、まず作家さんに書いてもらう。そのあとで、どこに曲を入れたらいいか、ということを考えて、あらためて作詞家の方に詞を書いてもらっています。それと常々思っていることなんですが、人気のあるミュージカルって海外からの輸入品ばかりじゃないですか。僕は逆に、日本から海外に出て行けるような、そんなミュージカルを作りたいんです」

原作がある2.5次元だからこそ演出家の特性が必要になる

役者の成長だけでなく、スタッフの力が向上していることも、茅野は日々実感し続けている。

「みんな前回よりもっとすごいことをやろう、と常に思っている。ミュージカル『刀剣乱舞』の場合は、同じチームでずっと一緒に作っているので、特にそう感じます。みんな、自分たちが『刀剣乱舞』を作っているんだという、誇りを持っていますから。

ウィッグや衣裳も、実は毎回進化しているんですよ。研究に研究を重ねていて、『もうこれでいいや』ということはない。役者が動くことがウィッグや衣裳を考えるうえで制限になるし、逆に、ウィッグや衣裳が役者の動きを制限することもある。それを、どちらにも支障が出ないように、高いレベルで融合していく……ということをスタッフはやり続けている。すごいなといつも思っています。衣裳は、原案のものをそのまま再現しようとすると、すごく暑かったり重かったりするものになってしまう。だからといって軽くて涼しい生地を使うだけでは安っぽく見えてしまう。毎回、『こういう生地を使ってみました』と、新しいことを試している。髪の毛も、普通の芝居だったら、途中でぐしゃぐしゃになるのなんか当たり前なんですけど、2・5次元の場合は、どれだけ動いても同じ髪型をキープしていなければいけないんです。その上で、自然じゃなければいけない。現実にはない髪の色だけど、いかにも作り物ではだめですしね。そこにも毎回工夫があります」

2・5次元ミュージカルが進化してきたことで、演劇にまつわるいろいろなものが進化していく。

「経済が回っている、ということが大きいですよね。予算が小さければ、一度作ったものをまた使うしかない。でも、幸せなことに、僕が関わらせてもらっている2・5

次元は予算が大きいので、もっとよくするために、次の公演で作り直すことができる。人気があることで、いろんなことがいい方向に回っていますよね。お客さんも、そのことをすごくわかってくれていて。自分たちが長く通い続けることで、セットが豪華になったとか細かいところまで見て、喜んでくれている。そういうことも、すごくありがたく思いますね」

演出家としての茅野自身も、2・5次元ミュージカルに長く携わってきたことで、成長を感じている。

「シリーズで年間に何本もやらせていただく中で、発見することがたくさんある。今までやったことのない新しい表現方法に挑戦させてもらえるのもありがたいですね。『こういうことがやりたい』と思った時に、小劇場だったらいろんな事情でちゅうちょしてしまうところを、やってみましょう、と言ってもらえる」

経験を積み重ねる中で進化してきた茅野は、今なお、進化し続けている。そして、そのことを楽しんでもいる。

第1章で松田が言っていたように、2・5次元ミュージカル自体をさらに盛り上げていくうえで、演出家は「足りていない」。そんな現状を、どう見ているのだろう。

「確かに演出は、ある程度経験を積んでいないとできないので、演出家は足りていないかもしれない。商業演劇で成功している演出家はほとんど、劇団出身ですよね。今2・5次元ミュージカルで活躍しているのも、劇団出身の演出家ばかり。一人前の演出家になるには、プロフェッショナルを育てる土壌が必要なんです」

では、これから2・5次元ミュージカルの演出をしたいと思っている人に、アドバイスをするとしたら？

「実際、『2・5次元ミュージカルの演出を勉強させてください』と言われたことがあるんですよ。でも僕自身は勉強したことがないし、必要なのは勉強ではないような気がしていて。『まず、自分の作品を作ってみたら』と言いました。

2・5次元ミュージカルの演出というのは、まず原作があって、オーダーがあって、それに応えていく仕事です。でも僕らはもともと、『自分の内なる衝動を形にしていく』という演劇をやってきた。まずはその経験をしたほうがいいと思うんですよ。原作がある2・5次元だからこそ、演出家の特性やスタイルみたいなものが必要になってくる。ウォーリー木下《きのした》さんが作っているものは、ウォーリー木下さんにしか作れないものになっていますよね。西田《にしだ》シャトナーさんも、絶対にそうでしょう。昔から劇団（「惑星ピスタチオ」）でやってきたパワーマイム（小道具などを使わず役者が肉体とセリフのみを駆使して場面描写や心情を表現する独自の手法）を、舞台『弱虫ペダル』の演出に取り入れている。それを観て、みんな『こんな演出があるんだ！』ってびっくりするわけです。若手の2・5次元ミュージカルの演出家である、『柿喰う客』の中屋敷法仁くん（舞台『黒子のバスケ』など）や『劇団鹿殺し』の丸《まる》尾《お》丸一郎《まるいちろう》くん（『家庭教師《かてきょー》ヒットマンREBORN!』the STAGE）もそうですが、彼らは劇団で散々、自分の表現方法を追求して、それを今、2・5次元というフィールドで発揮している。さっきも言ったように、劇団はトライアル・アンド・エラーが許される場所なので、演出家として、そこでいっぱい恥をかいて、学んで、という経験が、まずは必要だと思います。でもまあ、劇団で演劇をやるなんて今どき流行らないですよね。

確かに劇団って面倒くさいんですよ。人間関係とかね（笑）。

だけど結局、自分の表現方法や独自のスタイルを身につけないと、何をやっても、うわっつらのものになってしまう。だから、自分の〝演劇人〟としての何かをベースとして持つことを考えてみてほしいなと思いますね。2・5次元ミュージカルの演出家になるための近道はないように思います」

演劇の世界で長い道を歩き、自分だけの表現方法を模索し、身につけ、作品にぶつけてきた茅野だからこそ言える言葉だ。

「不遜な言い方になってしまうんですけど、『俺は、俺が見たいものを作ってるんだ』と、

いつも思っています。『みんな、こういうものが見たいんでしょう?』って、お客さんのほうにだけ目を向けていたら、絶対におもしろいものは作れない。自分がおもしろいと思うものを作って、お客さんがおもしろいと思ってくれなくなったら——その時に僕の演出家としてのキャリアは終わりなのだろうと思っています」

茅野はきっと、自分に対して一番「厳しい人」だ。

バランスボールを椅子代わりにしているのは、腰痛対策。「演出家って、稽古場でパイプ椅子に座っている時間が長いので、みんな腰痛に悩まされるんです。それでバランスボールにしてみたら、すごくよくなりました」（茅野）
10年ぐらい続けているというだけあって、時折、バランスボールの上で正座をするなど使いこなしていた。コーヒーが入ったタンブラーはBMW製の頑丈なもの。「演出中、興奮して倒したとしてもこぼさないように、です（笑）」（茅野）

第3章

作曲・編曲家

和田俊輔

Syunsuke Wada

音楽という「言語」で、物語を伝える

和田俊輔（わだしゅんすけ）　PROFILE

作曲・編曲家

独学で作曲を学び、大学在学中より本格的に音楽活動を開始。

舞台音楽を中心に、ミュージカルや映像作品、アーティストへの楽曲提供等、数多くの音楽を手掛ける。

ジャンルや国籍の枠をこえた幅広い世界観と柔軟な音楽性は、演出家やアーティストから絶大な信頼を寄せられている。

また、自身がプロデュースする音楽ユニット「てらりすと」としても活動をしている。

ハイパープロジェクション演劇「ハイキュー!!」シリーズ、乃木坂46版 ミュージカル「美少女戦士セーラームーン」、ライブ・スペクタクル「NARUTO-ナルト-」～暁の調べ～、ミュージカル「黒執事」-Tango on the Campania-などの作曲を担当。

「これがフルセットです」

作曲家・和田俊輔の仕事場は、マンションの一室にあった。置かれているのは、キーボード、二台のパソコン、そしてマイクと譜面台だけ。

「ブラス（トランペットなどの木・金管楽器）とかストリングス（バイオリンなどの弦楽器）はスタジオで録音しますが、それ以外はここで録音したものをそのまま舞台で流します」

ライブ・スペクタクル「NARUTO-ナルト-」、ハイパープロジェクション演劇「ハイキュー!!」などの音楽は、こんなにもシンプルな機材で作られている。

2・5次元ミュージカルの音楽を作る時、和田がまずするのは、脚本を読み込むことだ。

読みながら、頭の中に音楽が鳴ってきて……というようなことは起こらない。そうなるような読み方をしないからだ。

「最初は、（曲を）『書こう』とせずに読むんですよ。物語のことだけを考えて、読む。構成、流れ、人物の感情……悲しいシーンだから悲しいピアノ曲を当てよう、ということを考えるんじゃなくて、この場面で『主人公は本当に悲しいのか、悲しくないのか』ということを考えながら読みます」

まずは、物語を自分の中で咀嚼しきる。だがそれが終わっても、まだ作曲はしない。演出家やプロデューサーとの打ち合わせで、作品に必要な音楽はどんなものなのかを探るのだ。

これまで（二〇一八年六月時点）に六作のシリーズを手掛けてきた演劇「ハイキュー!!」を例に、打ち合わせから音楽ができていく過程を語ってほしい、とお願いすると「演劇『ハイキュー!!』はちょっと特殊ですよ」と笑いながら前置きをして、話し始める。

「まずは打ち合わせですね。僕と演出・脚本のウォーリー木下さんと、振り付けのTSUTO（笹尾《ささお》功《つとむ》）さんの三人でします」

第2章でも名前が挙がったウォーリー

木下は、「ｓｕｎｄａｙ」の代表として劇団の活動を続けながら、国内外で多くの舞台を手掛ける劇作家・演出家。ＴＳＵＴＯは、振付師ユニット「ＨＩＤＡＬＩ」のメンバーであり、ダンサーでもある。

音楽が固まってから振り付けの話をする、のではなく、最初から振付師も打ち合わせに同席している、ということにまず驚く。

「演劇『ハイキュー!!』は〝パフォーマンス〟につける音楽もすごく多いので、ウォーリーさんと僕だけではできません。そもそも立ち上げの時に『パフォーマンスを止めない』『試合中に音楽をずっと流しておきたい』というプランが、ウォーリーさんから上がったんですよ。ということはすべてのシーンに音楽が必要になってくる……音楽ありきだね、という話になって。なので、僕がまず、音楽をもとに最初から最後までの道筋みたいなものを決めるんですよ」

演出家ではなく、音楽担当が、道筋を決める？

「そうなんです。『まず和田くんが考えたものを基本にしよう』と言われまして（笑）。なので、僕が脚本をもとに『音楽はこういう流れにしたいから、セリフはここで入る、映像はここで流れて、ダンスはこのへんに……』という道筋をいったん作ってしまうんです。当然、ウォーリーさんの頭の中にも道筋はあるんですよ。でもまず僕にプランを出させる。それを見ながら、『じゃあここはダンスゾーンにしよう』とか『ここはフライングコーナーだね』、とか『この映像はしっかりしたものを入れたいから、一分ぐらい尺を取ろう』とか具体的に形にしていく。僕の案をツマミにして、みんなでしゃべりたいんですよ（笑）」

「音楽が固まってから振り付け」どころか、演出も固まっていない段階から、すべてを同時並行的に決めていく、ということだったのだ。三人それぞれの確かな実力と、信頼関係があってこそできる方法だ。

「ほとんどのことがリアルタイムで決まっていきます。井戸端会議……じゃないんですけど、ちょっと雑談っぽくしゃべるのが演劇『ハイキュー!!』には合っているのかなと思いますね。三人とも同年代なんですよ。だからばかばかしいアイデアも、お互いにバンバン出し合える」

打ち合わせの弾んだ雰囲気が、この舞台に流れる活気のある空気とリンクする。

「『和田くん、どう思う?』ととにかくよく聞かれる打ち合わせですね。そこは僕もしゃべりながら適当に考えて（笑）。具体的な音楽に関しては、既存の曲でいい例が浮かんだら、こんなのはどう？　とそれを伝えますし、うまく例が思いつかない時は一度持って帰って曲を書いて、聴いてみてもらうほうが早い。伝え方は様々ですね。音楽って、『こういうもの』だと言葉で言い表せないことも多いですから」

演出家、プロデューサーに合わせてやり方を変えるのが好きなんです

取材は、ちょうど演劇「ハイキュー!!」の新作〝はじまりの巨人〟の東京凱旋公演中（二〇一八年六月）。そちらを例にさらに具体的な話をしてもらう。

「前作（〝進化の夏〟）が外伝みたいな感じだったので、今回はもう一度演劇『ハイキュー!!』の真骨頂《しんこっちょう》みたいな場所に戻ろう、という意識が全員にありました。なので、全体的なイメージに関する話はしませんでした。とにかく公式戦をどう見せるのか、という話ばかりしていましたね」

バレーボールが題材の舞台であるため、公演ごとに主人公・日向翔陽《しょうよう》の烏野《からすの》高校と、ライバル高校との戦いが描かれる。そのため、それぞれの高校のイメージに合った曲が求められる。

〝はじまりの巨人〟に登場するライバル校は、条善寺《じょうぜんじ》高校と、和久谷南《わくたにみなみ》高校（和久南《わくなん》）。

特に難儀したのが和久南だという。

「最初にウォーリーさんが『恐れずに言っていい？　和久南って真面目じゃん？』と。僕が『真面目だね』と言ったら『お坊さんが、お経を読んでいるような音楽とかどうだろう』と（笑）。本気で言っているのか？　と笑ってしまうんですけど、確かに和久南の選手たちのいいところは、真面目さなんですよね。敵なのに、悪役っぽくはない。主人公のいる高校でもいいぐらいの、すがすがしさがあるんですよ。じゃあ、その特徴を古今東西の音楽やダンスのジャンルに当てはめるとどうなるだろう……という話になっていく」

打ち合わせの前に、物語として脚本を読み込み、深く理解しておくことの重要性がよくわかる。それができていなければ、こんな打ち合わせはできない。

「みんなで海外の動画をたくさん観ていったら、昔のブレイクダンスの動画を見つけたんですよ。すごく楽しそうに、横ノリで踊っていた。舞台『ハイキュー!!』は全体的にすごくスピード感のある見せ方をする作品なので、それまでは音楽やダンスも速いものが多かった。この動画みたいにテンポがゆったりめで、横ノリで、みんなで『イエーイ！』っていうような感じのものはなかったね、と。しかもロックダンスはTSUTOさんがもともと得意なジャンルなんですけど、今まではどの高校でもやってこなかったんですね。それでダンスは、ロックダンス系で、音楽はリズム・アンド・ブ

ルース（R&B）……今の、ではなくて昔のジェームス・ブラウンのようなR&Bでいこう、という話になりました。

ただ僕は、そこからちょっと発展させて、アニメの『ルパン三世』でかかる曲のような、ジャズっぽいイメージも入れたいと思いました。横ノリもできるし、ちょっと渋くて、決して悪役じゃないんだけど、敵にも味方にも見せられるような、かっこいい音楽を作りたい、と」

演出、音楽、振り付け、それぞれのプロフェッショナルが揃い、「その場で、どんどん決まっていく」ことのグルーヴ感が伝わる。

和田の本格的な作曲の作業は、ここから始まる。打ち合わせで決めたイメージをもとに曲を書き、次の打ち合わせに持参する。

「僕が書いた曲を聴いて、『じゃあここは……三十秒くらい踊る？』とダンスの長さが決まる。そうしたらTSUTOさんはそれに合わせて振り付けをして、僕は曲の長さを調整する。場面ごとに、それをやっていきます。……本当に非効率的なやり方ですよね（笑）」

ただこのやり方はあくまでも演劇「ハイキュー!!」でのやり方だと強調する。

「演出家やプロデューサーの方によって、まったく違います。打ち合わせは五分くら

ハイパープロジェクション演劇「ハイキュー!!」"はじまりの巨人"

いで、あとは僕が一度全部曲を作って、それを聴いてもらってから調整する、ということもあります」

任せてもらったほうがやりやすい、あるいは話し合いながらのほうがやりやすい、というようなことはあるのだろうか。

「ないです。それぞれの方が、自分の特色を生かせるやり方みたいなものを持っていらっしゃるんですよ。僕は、それに合わせてやり方を変えるのが好きなんです」

プロデューサーの松田誠（第1章）が、和田のことを「すごくニュートラルなんですよ」と言っていたことが思い出される。

「作品ごとに違うほうが、僕自身もいろんなやり方を試せるし、思ってもみなかったものができたりするのが楽しいんですよね」

小学四年生の時、鍵盤ハーモニカで作曲を始めた

和田は、曲を作ることを「書く」と表現する。実際に譜面のようなものを書いて作るのかと尋ねてみると「いや、僕はこれで」と目の前のキーボードを軽やかに鳴らした。

使っているのはDAW（デジタル・オーディオ・ワークステーション）というシステム。「例えば」と言いながら鍵盤をたたく。するとその音が録音され、すぐに再生された。さらに鍵盤をたたき、また再生すると、二つの音が重なって流れた。

「最初に〝リフ〟を作ることが多いです。リフというのは……パターンって言ったらいいんですかね。繰り返されるフレーズのようなもの。僕の場合、最初に一つリフのインスピレーションが浮かぶことが多い。それができたら、ずっと流しておいて、さらに思いついたものを足していく……という感じです。例えばリフに、こんなふうにトランペットを入れてみたり」と、キーボードを調整して鍵盤をたたくと、トランペットの音が流れる。それを先ほど作った音に、さらに重ねた。目の前で、どんどん音楽ができあがっていく。

歌のパートに関しては、作り方が少々違ってくるのだという。

「キーボードだけじゃなくて、実際に歌いながらメロディを考えていきます。こんなふうに」とキーボードを弾きながら「シュザイダヨー」（取材だよ）と今の状況になめらかに節をつけて歌ってみせた。

「たぶん、どの作曲家も歌いながら書いているると僕は思っているんですけど……どうなんですかね。声に出さず、鍵盤だけで作ることもできなくはないんですが、鍵盤と人の声で歌うのとでは、やっぱり違う。歌っているのと同じ音を鍵盤で再現できるかというと、実は結構高度な技術がいるし、多分、ちょっと不自然なメロディになると思うんですよ。流れている歌を聴いて、『あ、これは歌って作っていないな』と思うこともあります」

物語を読み込み、何度も打ち合わせを繰り返し、作曲し、調整し、歌も歌う。本当に、いろいろなことを一人でやっている。

「そうなんですよ、昨今の作曲家は（笑）。この機材があるので、なんでもやれちゃうから、なんでも（依頼が）来るんです」

和田がこのシンプルな機材に行き着いたのは、十五年も前だという。当時の音楽業界では、まだまだ主流の作り方ではなく、かなり「早かった」。なぜ和田は早くからこの方法を導入することができたのだろう。

「僕が最初から鍵盤で曲を作っていたからだと思います。もともとギターみたいな生楽器を弾く人であったり、歌を歌う人だったりしたら、曲を作る時も生音を録音するための機材が必要になっていた。その場合はこんなシンプルな機材ではできません。鍵盤楽器は、二十年も前から、すでに生音を録《と》る必要のない楽器になっていたんですよ。コンピューターとつなげれば、すごくきれいな音が録れる」

和田の音楽との関わり方は、最初から演奏者ではなく、クリエイターとしてのものだった。

小学校四年生の時には、もう作曲をしていた。しかも「学校で使う、鍵盤ハーモニカ」で作っていたのだという。

「それしか持っていなかったので。なぜ曲を書きたいと思ったのかはわからないんですが……学校の作曲コンクールに応募したら賞をもらって。それで母親に『作曲がやりたい』と言って、キーボードを買ってもらいました。そこからはもうずっと作っていましたね」

中学に入ると、作曲活動は本格化。早くも「音を重ねる」ことをし始める。

「パソコンがない時代ですから、当時出始めた、二つのカセットテープをセットできる〝ダブルラジカセ〟を使っていました。まず、キーボードで弾いたものを片方のテープに録音する。それを再生しながら、キーボードでさっきとは別の音を弾いて、もう片方のテープに録音する、というやり方です。さらに重ねたければ、またそのテープを流して、キーボードを弾いて録音する。ただ、キーボードの音と一緒に、周りの雑音も一緒に録れてしまうので、重ねれば重ねるほどどんどん音が聴き取りにくくなっていくんですが」

いくつも音を重ねて、自分だけの曲を作る――中学生男子の趣味と呼ぶには、本格的過ぎる作曲活動だ。和田はどこでその手法を身につけたのだろう。

「確かに、どこで調べたのかな……田舎ものだったので、雑誌も買えなかったし。父親に聞いたのかもしれませんね」

作った音楽は、「好きな女の子」に聴かせていた。

「喜んでくれていたような気がするんですけど……思い出補正しているかもしれないですね。気持ち悪がっていたかもしれない（笑）。たぶん、田舎では珍しい子だったと思います。だから周りの人からは、不思議な人だなと思われていたでしょうね。でも思い出してみると、本当にそうやって音楽を作るのが好きでした」

物語を何倍にでも膨らませるような音楽を書くことにカタルシスを覚える

録音機器が進化していくのに合わせて、和田の作曲技術もどんどん進化していく。

「オープンリールは使わなかったんですけど、ＭＤが出てきた時はすぐに使いましたね。大学三年生の時、ハードディスクレコーダーが出て、すぐに買ったのを覚えています。音の劣化がなくなって、それまでとまったく変わった。当時十万円ぐらいしたんですが、お金がなかったのでローンを組んで。それで〝劇伴《げきばん》〟を作りました」

劇伴とは、映画や演劇などの作品内で流れる音楽のこと。和田はこの頃、仲間とともに劇団を立ち上げていたのだ。

「大学の同級生十人ぐらいで立ち上げたんですけれど、それぞれ自分のやりたいことだけをやる劇団にしよう、と。音楽、衣裳、ダンス、映像、脚本、演出、照明、舞台美術……みたいに、自分の専門のことをやるやつはいるんですけど、役者がやりたいやつはいなかったので、全員が役者もやるんです。自給自足です。さっきまで照明のオペをしていたやつが、次のシーンで役者として出てきたりする。僕も当時はBGMを演奏しながら、役を演じたりしていました。しっちゃかめっちゃかな劇団でしたね。みんな同級生だったので『俺がやっている、この分野こそが一番だ！』みたいなことを言いたいんですよ（笑）。やりたいことがそれぞれ違っていたので、バランスは良かったですね」

作曲家である和田が、演劇「ハイキュー!!」で全体の道筋を作ることができるのは、この時、一から舞台を作り上げる経験をし、さらに舞台に関わるそれぞれのエキスパートたちと濃密に関わってきたからだろう。

「僕自身は、こういう経験が必ずしもなければいけないとは思わないんですけど、人から言わせると、劇団経験があるかないかは大きいらしくて。話が早く通じるみたいです。確かにアドバンテージになったかなとは思いますね」

大学卒業後は、音楽事務所に入社。テレビの子ども番組やCMの楽曲制作を手掛けるようになる。

「それまでやってきた音楽の作り方とは全然違いました。特にコマーシャルは全然違う。人を惹きつけるメロディとインパクトとちょっと変わった視点とが、十五秒なり三十秒なりに、バンと出ないと意味がない。最近あらためて気づいたんですけど……僕は、物語が好きなんですよね。物語を何倍にでも膨らませるような音楽を書くことに、カタルシスを覚えるんだなと。ただ曲を書くことが好きなわけではない。ストーリーがあればあるほど、燃えるんです」

それを聞いて、和田が以前こんなことを言っていたのを思い出す。

〈音楽って言葉と同じくらい言葉を語るもの。僕は、音楽はひとつの台詞《せりふ》だと思っているんですね〉（「off stage」Vol.02 ソニー・ミュージックエンタテインメント・二〇一七年）

「音楽はセリフだし、言語の一つでもあるというか……英語とか日本語みたいな、〝音楽語〟とでも言っていいのかもしれない。日本語や英語に翻訳するのは難しい言語なんですよ。でも、聴いたら、何を伝えようとしているかはすぐにわかる。しかも難しい言語じゃないので、子どもであっても聴いただけで『こういうことなんだな』とすぐにわかる。誰もが、感情を共有できるんです」

確かに、その物語に今流れる感情がどういうものなのか、音楽が言葉以上に語る瞬間というのは、ある。

「意味を考えなくても、スッと頭なり体に入ってくる。だからすごく気をつけなきゃいけないな、とも思うんですよ。俳優が何かセリフを言っていたとしても、画面にテキストが出ていたとしても、後ろで音楽が鳴っていたら、セリフにかぶせて音楽語をずっとしゃべっていることになりますよね。だから、音楽がお客さんに意味を誤解させることがないように……ミスリードしないように気をつけなきゃいけない、と思いながらいつも作っています。ミスリードが一番怖いです。怖いというか……やりたくない」

ミスリードしないように、演出家とのすり合わせは重要だと語るが、一方で、「本当に僕がやりたいことは、言わなかったりします」とも言う。

例えば、と話してくれたのが、乃木坂46版ミュージカル「美少女戦士セーラームーン」の音楽を担当した時のこと。

「『セーラームーン』では、女の子たちが戦士に変身する時にかけるテーマ曲があるんです。変身してキラキラした戦士になって、悪を倒して世界を守る……そういうカタルシスを得る物語でもあるんですけれど、心も変われるんだ、という物語でもある。

今回の公演（乃木坂46版ミュージカル「美少女戦士セーラームーン」・二〇一八年）も、心のメタモルフォーゼが、テーマの一つになっていて。（主人公の）うさぎが、自分は弱くて何もできないと思っていたけれど、みんなに支えられて強くなれるんだ、とラストで気づく。そのシーンのBGMを、今回はうさぎが戦士に変身する時のテーマ曲をアレンジしたものにしてみたんですよ。実際の変身シーンのように役者は歌わないんですけど、変身シーンの曲をアレンジしたものを流すことによって『今、うさぎの心が生まれ変わっているんだ』という演出ができるのではないか、と思った。変身のシーンでは派手な曲調なんですが、ラストの部分では、徐々に音が重なって盛り上がっていくようなものに変えました。この作品も演出はウォーリーさんなのですが、この曲に関しては相談せず、勝手にやってしまいました（笑）。

　そうしたら、リハーサルで一回その曲をかけただけで、うさぎ役の二人とも（山下《やました》美月《みつき》、井上《いのうえ》小百合《さゆり》）、その意味に気づいてくれて。一瞬でセリフの言い方が力強くなって……まさしく『うさぎが生まれ変わった！』という感じでした」

　和田の作る音楽が、役者の演技を深めることがあるのだ。

「もちろん僕の音楽に沿って演技してくれたらそれが正解、というわけでもないんですよ。押しつけたくはないので、役者にも特に何も言いません。

　後からウォーリーさんと話したら、やっぱり気づいていましたね。二人で、『「セーラームーン」のテーマが強く出たよね！』『すべての変身シーンを細かく作ったからこそ、最後に、心の変身までやれたんだね！』とまた盛り上がりました（笑）。物語に深みが出たと思うし、やった意味があると思えたシーンでしたね。

もちろん観客には、こんな細かくは伝わらなくていいんですよ。ただ音楽があることで、空気のように、ふわっと何かが伝わっていればいいなと思っています。たぶん、普通の言葉で説明するよりも、〝ぶるっ〟とした感動につながるというか……そういうものができた時に、物語って本当におもしろくなるなと思うし、僕はそういうことをやりたいと思っています」

クリエイターに、何かをためておく引き出しなんてない 一回一回、全部使い切る

そういえば、さきほど和田は、「リハーサルで一回その曲をかけただけで」と言っていた。ということは、和田も、リハーサルの現場に足を運んでいる、ということになる。作曲家の仕事は、曲を作って納品して終了、というわけではないらしい。

「特にウォーリーさんとの仕事はそうですね。僕に一緒にいてほしいみたいで……寂しがりやなのかな（笑）。ただ、どの作品も、ものすごく現場を見てはいます。直接行

けないとしても、今は映像で観ることができるので。僕も知りたいんですよ。音楽が、嵌まっているのかどうかを。嵌まっていなければ、もとがどんな音楽だったとしても、悪い音楽にしか聴こえないので」

さらに、稽古時と本番ではまた変わってくるというから、気が抜けない。

「どれだけ準備して、どれだけ作り込んでいっても、初日にお客さんが入ったらコロッと変わる。歓声がどうとかではなくて、お客さんが〝いる〟というだけで、いろんなことが変わってしまうんです。お客さんが入ることでだめになるというよりは、お客さんが最後に芝居を良くしてくれるエッセンスになることがほとんどなんですけどね。ライブなんです、結局。計算できる部分もたくさんありますが、計算しきれない部分もある。でも舞台は、それがおもしろい。

仕事場で作って、ネットで納品して、音源としてはそれで終わりなんですけど、最終的にどこで鳴るかといったら、会場で鳴るわけで。お客さんが入ると、物理的にどう人の耳に入るかも変わってくるんですよ。公演がスタートしてから僕が調整することもありますが、会場では、音響オペレーターの腕にもかかっている」

音響オペレーターとは、指示書に従って機材を操作し、リアルタイムで音をつけているスタッフのこと。客席の中央後方にブースがあることが多いので、劇場で観客が

目にすることもできる。
「僕からは事前にやりたいこと、意図してることは伝えますが、オペレーターの方が音を一デシベル、二デシベル上げるか下げるかで、聞こえ方は全然変わってくる。しかもそれによって、お客さんが感動するかどうかも変わってくるんです。会場から拍手が上がるか、上がらないかの境目みたいなものがあって……腕のいいオペレーターの方が操作すると、その場面で毎回、拍手をもらえますね。すごい操作力だなと思います」
確かに、音楽に背中を押されて「ここ！」と気持ちよく拍手できることがあるが、あれはオペレーターの手腕によるものでもあったのだ。

「2・5次元作品のオペレーターは、さらっと高度なことをやっていると思う。エンターテインメント性の高い舞台が多いので音楽も多いし、だからといってずっと音楽をかけていればいいというわけでもない。芝居のパートもあるし、映像もあるし、ダンスもある。しかもほとんどの作品で、役者の声はマイクで拾っている。小劇場では、役者はマイクをつけずに生声でセリフを言うので、オペレーターからすると拾う音が一つ減るんですよ。それだけでもずいぶん違う。2・5次元では、音を鳴らすきっかけだけでも百ぐらいは余裕であります。殺陣《たて》があったら、刀が当たる音とか体がぶつかり合う音は、リアルタイムでオペレーターさんが鳴らしているんですよ。とにかくやることが多い。じゃあ人を増やせばいいかというと、その分予算が上がっていくので、四、五人でやることになる。だからエキスパートが育っていくんですよね」

会場が大きいことも、小劇場との大きな違いになる。

「劇場が小さければ、場面転換の時に、例えばピアノソロのBGMを流せば、それだけで空間がきちんと埋まる。でも2・5次元作品を上演するような大きな劇場ではそうもいかないんですよ」

いったんそう言った後、「いや……でも2・5次元でそういうことがあってもいいかもしれないですね。誰かそんな骨太なことをやってくれたらおもしろいな……」と楽しそうに続けた。ひとごとのように言うが、日ごろからこうしてどんどん新しいことを思いついているのだろう。演劇「ハイキュー!!」の次の公演でも、新しいことをするつもりだ。

「上演中に生の音で、毎回音楽をつけないか、みたいな話があるんですよ」

二〇一八年秋に上演予定（取材時）の、シリーズ七作目となる〝最強の場所《チーム》〟についてそう話す。これまでは音声データを納品して、それを音響オペレーターがタイミングを見て流していたものを、舞台の進行に合わせて「生演奏する」ということだ。

しかも、その演奏を全編、和田自身がやるのだという。

「僕は演奏家じゃないんですけど、僕がやるような流れになっていて……しかも、僕一人で。学生劇団の頃にやったことはあるんですけど、こんなに大きなプロジェクトで、いろんなスタッフワークがある中では初めて。おもしろい挑戦になるかな、と思っています」

さらに驚くことに、決まった曲を演奏するのではなく、芝居に合わせて、曲自体もリアルタイムで作曲するという案も浮かんでいるのだ。

「これはまだ提案していないんですけどね（笑）。現場でも、今ここにあるシンプルなシステムでいけるはず。もちろんある程度ネタは仕込んでいきますけど、どんな音楽になるかは、その時次第です。これこそ、ライブですよね。僕がその現場にいるからこそできることをなるべくしたいなと思って……作曲がなければ、ほかの方に演奏を託すこともできますから」

「いやあ、本当に大変ですよ」と言いながらも、この思いつきを誰よりも楽しんでいることが、その表情から伝わる。

「つい『やりたい！』と思っちゃうんですよね（笑）。リアルタイム作曲に関しては今回実現できなかったとしても、夢の一つとして持っていたいですね。もちろん事故を起こしたら駄目だし、段取りは、しっかりしておかないといけない。でも、どこかでおもしろいことができると思っています」

こうして話を聞いていると、和田は、難しいオーダーや新しい試みに対して、身構えたり不安になったりするより先に、楽しい気持ちになっているように見える。

そう伝えようとすると、こちらが言い終わらないうちに「そう、わくわくしちゃうんですよ！」と笑顔で言う。

「わくわくするし、一回一回の仕事で持っているものを全部出したくなってしまう。何か思いついたら、そのアイデアを全部使い切りたいんですよね。出し惜しみ、みたいなことは絶対にしたくない。よく『引き出しが多い』とか『少ない』っていう言い方

ハイパープロジェクション演劇「ハイキュー!!」“はじまりの巨人”
©古舘春一／集英社　©古舘春一／集英社・ハイパープロジェクション演劇「ハイキュー!!」製作委員会

をしますけど、僕はクリエイターに引き出しなんてないと思っていて。何かをためておく場所なんてないんです。むしろ引き出しを空っぽにしてみないと、本当に自分が持っているものなんて見えてこないと思うんですよ。毎回もうない、と思うと、底のほうに、えっ？　まだあったの？　って何かを見つけられる」

毎回ゼロにしてしまうことに怖さはないのか、と聞いても「うーん……やるしかないですからね」と明るい表情。この姿勢が、「三百六十五日締め切りです」というほど和田に仕事が入り続け

ている理由だろう。

「最近、嬉しいことがあって……これ〝和田さんっぽい曲〟だね、って言われることが増えたんです」

和田の曲は、物語に沿って作るがゆえに曲調も多岐にわたる。だがその中に、確かに和田作品らしさも香っている。どの楽曲にもドラマティックさのようなものは感じるが、和田自身は、どんな部分が自分らしい、と考えているのだろう。

「一つ共通してあるのは、たぶん『え、そっちに行くんだ！』ということのような気がするんですよ。音楽を知らない人でも、曲を聴いている時に『この流れだったらこっちへ行くだろう』というイメージって、何となく持っていると思うんです。でも僕の作る曲って、そのイメージを裏切るというか、何か引っかかりがあるみたいで。それが僕の癖みたいなものなのかなと」

意識的に、あえて「そっち」ではない道を選択しているのだろうか。

「いや、ナチュラルにやっていましたね。そうしたら、『なんでそっちに行くの?』と言われることが多くなって。なんでかわからないんですけど、僕はそっちじゃなくて、こっちのほうが気持ちいいんだよね、と思いながら書いていました。でもみんながそこに引っかかるのなら、それはたぶん僕の個性だから、消さないでおこう……と思うようになりました」

本質をつかまえていれば、2・5次元は『これが見たかった』と思えるものになる

和田が初めて音楽を手掛けた2・5次元作品は、二〇〇九年、今《こん》 敏《さとし》監督のアニメ『千年女優』を舞台化したものだ。

「『千年女優』は、末満健一《すえみつけんいち》さん（舞台版の脚本・演出担当）がとにかく大好きな映画

で。舞台化させてほしいと今監督に直談判して実現しました。当時は2・5次元っていう考え方もなかったですけどね。

今監督は、現実なのか妄想なのかわからなくなる、ということをアニメーションで表現するスペシャリストだったので、それを舞台でどうやるんだ？　という難しさはありました。でも末満さんの中には、『だからこそ、舞台でできる！』という勝算があって……今監督と末満さんとの間で高度なやりとりが行われるのを見ていました。

みんな、すごい方たちだったんですよ。末満さんと今監督はもちろん、今監督がずっと一緒に映画を作ってきた、作曲家の平沢《ひらさわ》 進《すすむ》さんもすごくて……唯一無二の世界を確立されている方です。今監督と平沢 進さんが作った世界に、僕が挑めるのか、と思いました。でもやってみたら、すごくおもしろかったですね。とにかく、思い切り挑んだ！　という感じですね。若かったので（笑）」

『千年女優』の後は、途切れることなく舞台音楽の仕事が続く。

2・5次元作品でも、「音楽舞闘会『黒執事』－その執事、友好－」「ONE PIECE LIVE ATTRACTION」など着々と実績を残して行く中、二〇一五年、松田誠から「呼び出されました」。

「（松田の会社の）ネルケさんからは当時、残酷歌劇『ライチ☆光クラブ』の音楽のお話をいただいていたところだったんですが、松田さんとは面識がなくて。急に僕一人で呼び出されたんですよ。スタッフの方から『松田が会ってみたいと言っています』みたいなことを言われまして。怖いですよね(笑)。何の話があるんだろうと思って出かけていきました。

そうしたらネルケさんの会議室で『こういうのを立ち上げたんだよ』って『日本2・5次元ミュージカル協会』のパンフレットを渡されて。その前の年に立ち上げたばかりだったんですよ。協会に入ってくれということなのかな？　と思ったんですが、まったくそうではありませんでした(笑)。2・5次元とは何なのか、今どうなっているのか、ということを、熱く語ってくださって。『和田くん、海外では「一休さん」のミュージカルが大人気なんだよ！　すごいよね！　日本には、まだ気づいていないだけでたくさん宝があるんだよ！』と。一時間くらいお話しして、『今後よろしくね』『よろしくお願いします』という感じで、その時は終わりました」

松田に会ったことで、和田の中に初めて〝2・5次元〟という概念が生まれる。

「それまでにも、漫画やアニメを原作にした作品の音楽はやっていたし、原作からどれだけ離れていないか、離れていいのか、といったことは常に考えてはいたんですよ。でもこれが〝2・5次元〟だという意識はなかった。言葉が与えられると、概念が急にはっきりしてきますよね」

音楽は言語だと言い、常に言葉に気を配ってきた和田らしく、2・5次元の舞台で、自分が何をやるべきかも明確になった。

「そうか、僕たちは〝0・5〟の部分をやるんだ、と思った。ただ2次元を3次元に置き換えるのではなくて、『これこそが3次元で見たかったものなんだ』というものを、作らなければいけない、とあらためて思いました。その考えをもったうえで、初めて挑んだ2・5次元作品が、一作目の演劇『ハイキュー!!』でした」

和田がまず思ったのは、「アニメと同じ流れを行かない」ということだった。

「2・5次元って、人によって解釈が全然違うと思うので、ちょっと言い方が難しいんですけど……僕がちょっと賛同できないかなっていう考え方は、アニメと同じ流れを行くことなんですよ。アニメもすでに2・5次元みたいなものなんじゃないかなと思っていて。原作をもとに、動きと音をつけているわけですから。だから、アニメをそのまま立体化しても、2・5次元にはならない。あくまでも、漫画が原作なら漫画から抱いたイメージを立体化したものが、2・5次元だと僕は思っています。

でも、先にアニメ化されていたら、お客さんの頭には当然アニメの声優さんの声とか音楽がある。だからそれと違うことをやろうとすると、どうしても違和感を抱かせてしまいますよね。そこが、難しい。でも（演劇「ハイキュー!!」主役の）須賀健太は、アニメとは別の日向翔陽なのに、どこにも違和感がない。すごいことですよね。原作のイメージをそのまま立体化した日向翔陽になっている。アニメファンにも納得してもらえるところまで行っていると思います。須賀くんがつかまえた日向の〝本質〟が、アニメと同じものだったからだと思います」

須賀が役者としてやったことを、和田は作曲家としてやる、ということだ。

「すでにほかの作曲家さんがつけている音楽がある場合は、なるべく意識しないようにします。だからといって、あえて逆に行くのは、違う。『ただ意識しない』ということが大事だと思います。アニメ『ハイキュー!!』の音楽は林《はやし》ゆうきさんが書いていらっしゃるんですが、僕の書いている曲と全然違う曲なんですよ。でも、どこか共通点があると言われることが多い。きっと林さんも、僕も、原作の本質を追って、同じところにたどり着いたからだと思います」

原作の〝本質〟をつかまえておくこと――それこそが、2・5次元作品を作る時の肝になるのだ。

「どストライクに本質をつかまえていれば、2・5次元は、『こうやって動くのが見たかったんだ』と、みんなが思えるものになると思います」

だからこそ、本質をつかまえるまでは苦労も多い。

演劇「ハイキュー!!」の、軽快で、元気がよくて、でもどこかメロウな部分も感じさせる絶妙なメインテーマも、すんなりと生まれたわけではなかった。

「ウォーリーさんとも、今のような熟年夫婦のやりとりみたいなものはまだ全然できませんでしたからね。まだ新婚だったので（笑）。まず意見が違うというより、誰も正解がわからないから意見を出せない。話し合いをしても、正解のかけらも見えなかった」

和田は「まずは自分が一度書いてみよう」と考えた。

「三回か四回、自分の中でボツにして……本質の本質の本質、ぐらいまでたどれば、ここに行き着くんじゃないか、というところまで行って書いた曲でした。もしみんなが聴いた時に『違う』と言われたら、また書こう、と思った。そうしたらOKが出て。結局その曲が今でも使えるものになったので、本質をつかまえれば、ずっと残っていくものになるんだな、と思いますね。つかまえるのは大変ですが……常につかまえていたいですね」

作曲家の体力は、たくさんの作品に触れることで培われる

「僕はたたき上げです。音楽の勉強は完全に独学」だという和田だが、これから作曲家を目指す人へのアドバイスを問うと、「音楽の勉強はやれるだけやっておいたほうがいい」と話す。

「特に、昔の音楽を聴くことはすごく大事だと思います。今は、昔の作品にネットでいくらでも触れられる時代ですよね。例えば七〇年代とか八〇年代に作られた音楽って、その文化に触れてこなかった人が今初めて聴いたら、めちゃめちゃ新しく感じるはずなんですよね。『なんだこの新しい音楽は！』と思って調べたら七〇年代、八〇年代のものだったりすることもある。情報が、誰でもすぐ手が届くところにあるので、作られた年代は関係なく、自分にとって新しいものを見つけられる時代になっている。だから、見つけたもん勝ちです（笑）。たくさん知っていれば知っているほど、職業として、作曲家をやっていけると思います」

2・5次元をはじめとする舞台や映画など物語に音楽をつける、劇伴の仕事の場合、特に重要なのも同じく、「たくさんの作品に触れておくこと」。

「漫画、小説、映画、舞台……どれだけたくさん触れても損はない。音楽を作る発想のすべてが、そこにあるから。僕は本ではサスペンス小説をよく読むんですが……なんでもいいんですよ。バラエティを観るのでもいい。バラエティ番組を観ながら、どういう曲をつけるかを考えていたりもします。ちょっと言い方が難しいんですけど……〝考えてないところで、考える〟ということをしているというか」

作品をたくさん観て、感性を育てる、というようなことだろうか。

「それとは違いますね。読解力を養うっていうことなんですが……たくさん観ていくと、だんだん大事なものを見逃さなくなっていくんですよ。僕は映画を観た後に、ネットなどで人の感想をあさるようにしているんですけど、そうすると自分では見逃したり、気にも留めていなかったものに気づくことがある。あのシーンは、実はあのメタファー（隠喩）だったんだ、とか。メタファーだらけの映画ってたくさんあるんですよ。もちろん気づかないままでも楽しく観ることはできる。でも何かを作る人はそれではだめなんです。

今、ぱっと思いついたのが『ゼロ・グラビティ』。宇宙で遭難して、地球に帰ってきた、というだけの話ではあるんですが、実は何もかもがメタファーでできているような映画なんですよ。表の物語とは別に、〝生命の誕生〟という裏側の物語を描いてるようなシーンがたくさんある。最初は自分で気づかなくてもいいんですよ。人のレビューを読んで『そうだったのか』と気づくのはおもしろいし、何年かそれを続けていくうちに自分の読解力も育っていきます」

作り手の側が意図していることを、常に正確に読み解こうとする――まさに、和田が脚本を読み込む際にしていることと直結する。

「『実はこういうことを表現したくて、このセリフを言わせたんだな』とすぐわかるようにならなければいけない。まあ、『実は』っていうのは、クリエイター側のちょっとしたエゴでもあるので、それが観客に理解されなくてもいいんですよ。ただ、自分もクリエイターであるならば、それは理解しなければいけない。先ほど言った『ゼロ・グラビティ』なら、監督が『宇宙の物語を作りながら、生命の誕生の話を作っている』ということを、わかっていなければいけない。しかもそれを、誰かに教えてもらうのではなくて、自分で考えて気づいたほうがいいし、そのほうが深い理解になる。

作曲家として言うと、そこをわかっているかいないかで作る音楽も変わってくるんですよ。そのまま宇宙をテーマに曲を書くのか、生命の誕生をテーマに書くのか。大きく違いますよね」

正確に物語を読み解く力を持たない限り、どこかズレた曲を作り続けることにもなりかねない。和田が物語を大事にする理由が、あらためてよくわかる。

「音楽って、クオリティは置いておくとして、誰にでも書けるものだとは思うんです。ただ職業として長く続けていくには、体力が必要になってくる。その体力は、多くの作品を観ることで培われるのだと思います」

無音も、音楽の一つです

演劇「ハイキュー!!」は、「音楽ありき」と言うだけあって、ミュージカルではないが常に音が鳴っているイメージがある。音楽がメインのシーンもあれば、役者のセリフの後ろで薄く音楽がかかるシーンもあり、音の大きさに繊細なグラデーションがついている。そしてごくたまに、「無音」の時間があることに気づく。

「実は、無音のシーンは、めちゃめちゃ意識して入れています。ちょっとかっこいい言い方をすると……無音も、音楽の一つです」

無音も、音楽の一つ、とはどういう意味だろう。

「ただ音を流さない時間がある、ということではなくて、音楽をつけるのと同じように、意図的に〝無音という音楽をつける〟ということです。そうすると、次のシーンで音楽を流した時に、感情を何倍にもふくらませて見せることができたりする。

ちょっとネガティブな側面の話をすると、一作品・二時間の中には、どうしてもお客さんが気だるくなるというか、間延びしているように感じる時間帯というのが生まれてしまうんですよね。なので、お客さんを退屈させないためにも、常に音楽はつけておかなきゃいけない、という考え方があるんです。でも僕は、できるだけそんなネガティブな意味で音楽をつけることはやりたくなくて……あえて無音の時間を作って、役者に、『この無音の時間帯を君の演技でもたせてみろ!』と言っているようなところもあります」

和田は、音楽を通して、役者に、挑み、投げかける。

「先ほど話した乃木坂46版ミュージカル『美少女戦士セーラームーン』の時もそうですけど、直接役者とそういう会話をすることはないですが、意味を感じとってくれて

いるんじゃないかと思います。『ここは無音だから、自分の演技が試されているな』と思いながらやっている役者は多いと思いますよ。そういうことをしていると、本当に急に一皮むける演技が生まれたりするんですよ」

あくまでも音楽担当であるはずの和田が、役者のポテンシャルを引き出し、演技を引き上げることさえもしてしまう。作曲家の仕事とは、ここまでのものなのだ。

「まあ僕としては、最終的に、『この芝居の音楽、いいね』って言われたいだけなんですけどね（笑）」

冗談まじりにそう言うが、和田の一音楽家としての強い思いが急に顔をのぞかせる。

「舞台は総合芸術ですから、お互いにいいものを作らなければ、それぞれの評価は上がらない。……僕は、それが楽しいんですけどね」

自らが輝くために。役者を、何より「物語」をより輝かせるために。

音楽という言語を使って、和田は舞台で語り続ける。

＊　＊　＊

二〇一八年十月。ハイパープロジェクション演劇「ハイキュー!!」〝最強の場所《チーム》〟の公演が始まった。

ステージ中央奥の、ほの暗いブースに、和田の姿がうっすらと浮かび上がる。時におなじみの曲をアレンジしたものが、時にその場で作られた音楽が和田の手で奏でられ、雄弁に物語る。そしてその音はキャストたちを見守り、励まし、「さあ、この音で踊れ！」と先導する。

事前に話していたプランは、すべて実現していた。上演後に会った和田は、「気持ちよかったです！」と上気した顔を見せた。「音楽で語る」という意味がよくわかった、と伝えると「特に今回はやればやるほど、役者と自分の音楽とがリンクしていくのがわかるんですよ。『次はあの曲をやるぞ』とは言わなくても、みんなすぐに曲に合わせて動いてくれる」とひと息に語る。そして、勢いそのままに、こう続けた。

「スポーツをやっているような気分でした。スポーツが題材の舞台は生演奏と相性がいいな、とも思いましたね。スポーツも生演奏も、その場で絶えずアイデアを出したり、機転を利かせ続けたりするものだから」

その弾んだ口ぶりからも、和田がこの公演から何かを受け取ったのだということが伝わる。次の「新しいこと」は、和田の頭の中でもう、始まっているのかもしれない。

作曲・編曲のほとんどは、キーボードと、大きなモニターのMac（写真上）で行う。ソフトはAppleの「Logic Pro X」を使用。写真には写っていないが、モニターの左手前に、キーボードを設置。「左利きなので、この配置が作業しやすいんです。キーボードの前にモニターを置かないのは、演奏に集中しやすいようにです」（和田）
録音用のマイク（写真下）は、仮歌用。仮歌も、和田が歌う。

第4章

俳優

佐藤流司

Ryuji Sato

2・5次元は、諸刃の剣です

佐藤流司（さとうりゅうじ）　　PROFILE

1995年1月17日生まれ、宮城県出身。幼少期から芸能界に憧れ、両親からの後押しもあり、「劇団ひまわり」に所属。特技の空手では東北大会優勝の経歴あり。2011年に『仮面ライダーフォーゼ』（EX）佐竹輝彦役でデビュー。2013年のミュージカル「忍たま乱太郎」田村三木ヱ門役で初舞台を踏み、続いてミュージカル『テニスの王子様2ndシーズン』に出演し、多くの注目を集める。2015年にはライブ・スペクタクル「NARUTO-ナルト-」うちはサスケ役、ミュージカル『刀剣乱舞』シリーズでは加州清光役をつとめ、2017年10月にはソロライブ公演・ミュージカル『刀剣乱舞』　加州清光　単騎出陣2017を銀河劇場で行い、全16ステージのチケットは即完売。翌2018年にはミュージカル『刀剣乱舞』　加州清光　単騎出陣2018を東京・赤坂ACTシアターを皮切りに、宮城、大阪、北海道の全国4都市で敢行。同年末には、「第69回NHK紅白歌合戦」への出演も決定している。

12月には、デヴィッド・ルヴォー演出、音楽劇「道～La Strada～」（日生劇場）に出演。

ドラマ「ファイブ」（CX）や「御茶ノ水ロック」（TX）で主演をつとめ、アーティスト“Ryuji”として自身のバンド「The Brow Beat」で活動を開始。2019年1月1日には2ndアルバム『Hameln』を発売、全国7大都市ワンマンツアーも決定している。

舞台をはじめ、映像など他ジャンルでも幅広く活躍中。

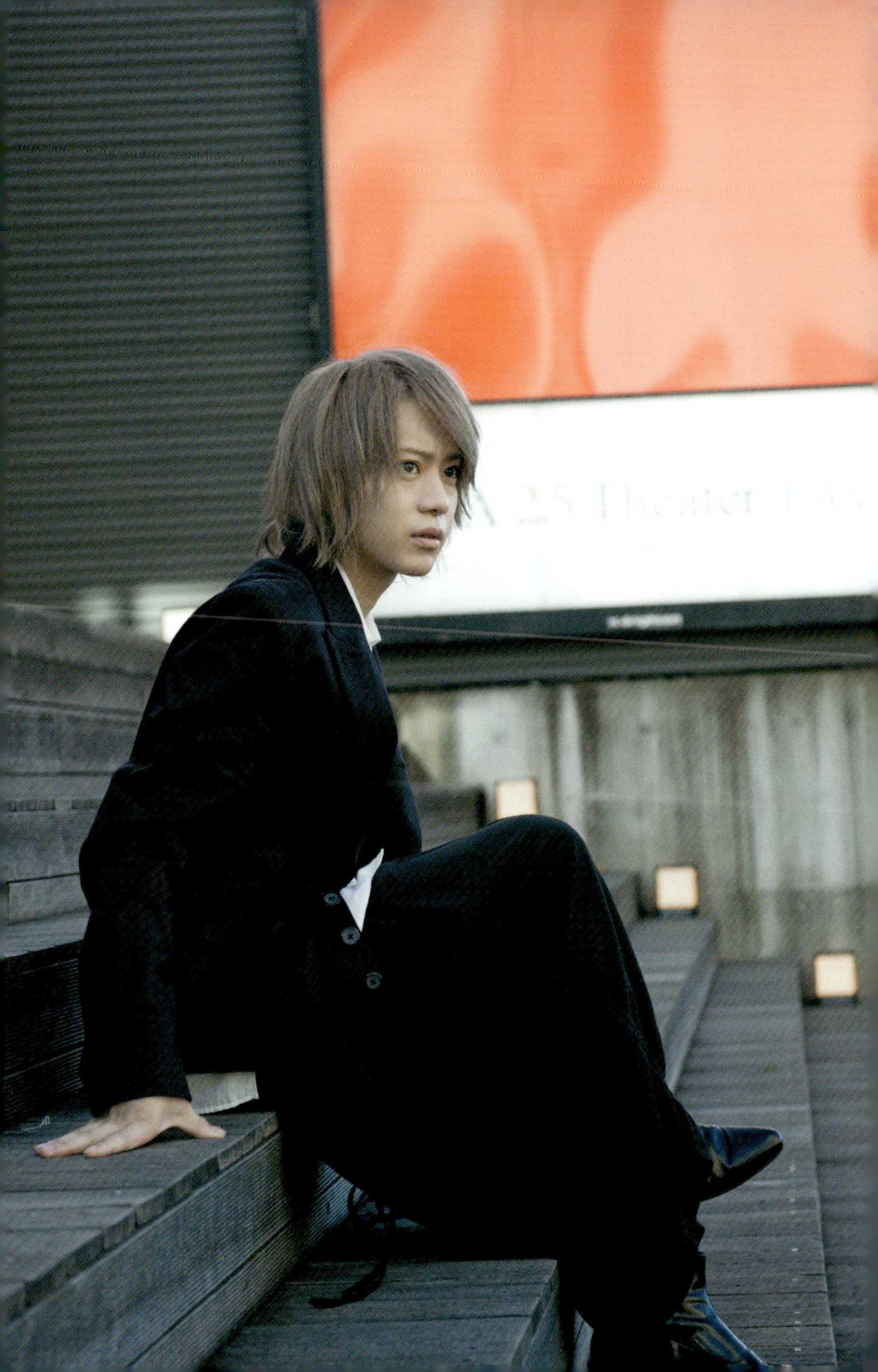
A 25 Theater

11列
10列-27番

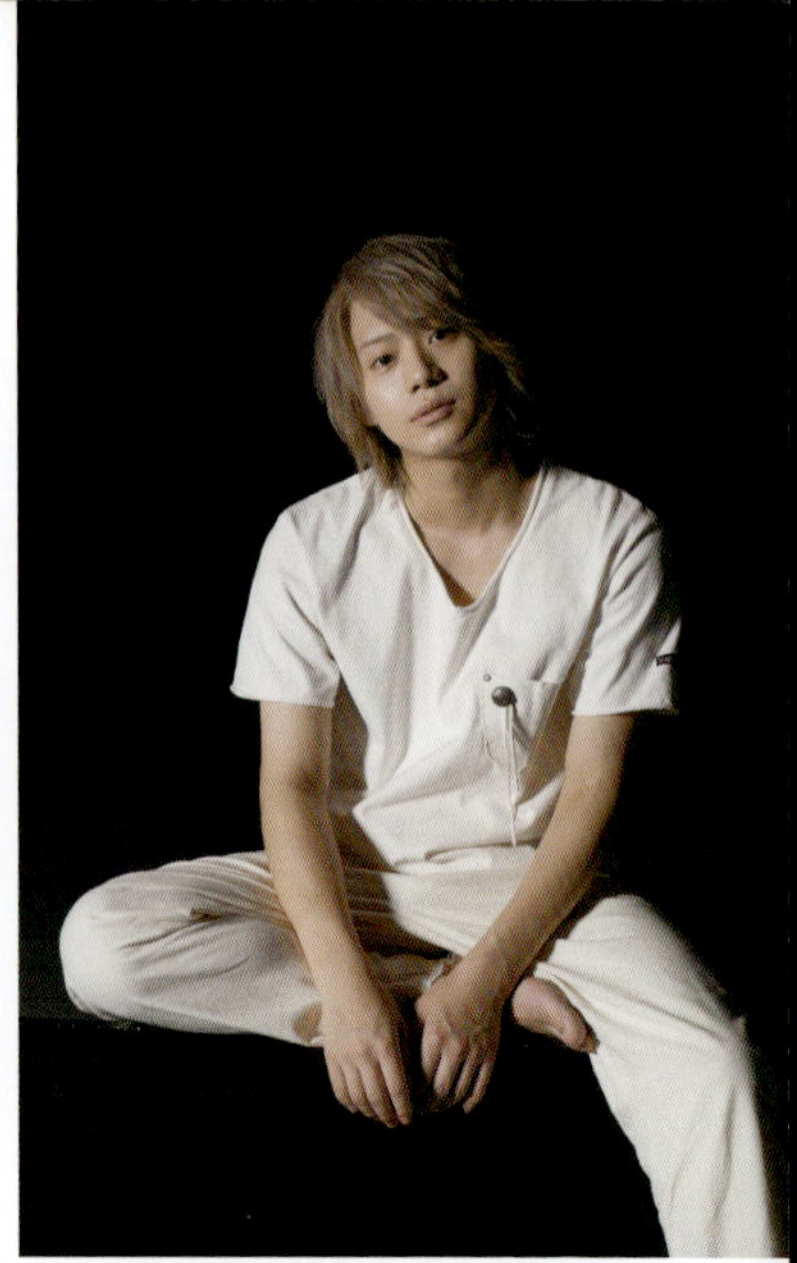

ミュージカル『刀剣乱舞』　加州清光 単騎出陣2018　

ミュージカル『刀剣乱舞』　加州清光 単騎出陣2017
©ミュージカル『刀剣乱舞』製作委員会

ミュージカル『刀剣乱舞』　加州清光 単騎出陣2017
©ミュージカル『刀剣乱舞』製作委員会

ミュージカル『刀剣乱舞』
加州清光 単騎出陣2018
©ミュージカル『刀剣乱舞』
製作委員会

ミュージカル『刀剣乱舞』　加州清光 単騎出陣2018　

幕が上がると、暗い客席にぽつぽつと赤い光がともり始める。すぐに会場全体に広がり、曲に合わせて静かに揺れる。

ミュージカル『刀剣乱舞』 加州清光 単騎出陣2018。

通常、六振り（六人）の刀剣男士で行うミュージカル『刀剣乱舞』のライブパートを、佐藤流司演じる、加州清光が一人で行う。

赤は、加州のイメージカラーだ。

通常の公演では六振りの刀剣男士それぞれのイメージカラーに変えたペンライトを振るため会場は六色に染まる。だが今日は、赤一色に染まった。

公演のひと月ほど前に行われたインタビューで、佐藤はこう語っていた。

「ペンライトの色は、いつも舞台の上からめちゃくちゃ見ています。赤のライトを振ってくれる人としか目を合わせないくらい、意識している。俺の〝主《あるじ》〟（※）には、尽くしますよ、と思っているので（笑）。ほかの刀剣男士のことは好きだけど、加州のことは好きじゃない、という人もいます。本当は百人お客様がいたら百人全員に愛されるほうがいいんでしょうけど、そういうわけにもいかないので」（※プレイヤー＝〝審神《さに》者《わ》〟のことを、刀剣男士は〝主〟と呼ぶ。ここでは「俺の主」＝佐藤のファンの意）

赤に染まった、すなわち自分の〝主〟だけで埋められた会場を、佐藤は嬉しく眺めていたはずだ。だがその光景に、決して陶酔してはいないだろう。

これは「佐藤流司」のライブではなく、「加州清光」のライブだからだ。

「佐藤流司のことは好きじゃないけど、加州清光が好きで観に来ている人も、当然いますから」

謙遜しているわけでも、悲観しているわけでもない。冷静に、事実として淡々と語る。

「2・5次元って、役者が天狗《てんぐ》になりやすいジャンルだと思うんですよね。キャラクターの人気が自分に乗っかっているから、ここにいられるということを、わかっていないといけない。もし2・5次元をやっていなかったら、この取材も受けられていないですよ。2・5次元のおかげだし、キャラクターのおかげです」

佐藤にとって、観客とはどんな存在なのだろう。

佐藤に話を聞く前は、役者にとっての観客は、一緒に舞台を作り上げる同志のような存在なのだろうと思っていた。だが佐藤は、意外な答えを口にした。

「ぶっちゃけていうと、一緒に作っている感覚はないです」

一瞬、観客としては悲しい答えのように思ってしまうが、続ける言葉を聞くと、そうではないとわかってくる。

「毎回、オーディションに近い感覚というか。お客様に対しては、常に『どうっすかね?』っていう気持ちです」

佐藤は毎回、そのパフォーマンスの出来について、観客にジャッジを仰いでいるのだ。ファンに甘えることなく、厳しい姿勢で舞台に臨んでいることがよくわかる。

ミュージカル『テニスの王子様』の財前《ざいぜん》光《ひかる》、ライブ・スペクタクル「NARUTO-ナルト-」のうちはサスケ、學蘭歌劇『帝一の國』の久《く》我《が》信《しん》士《じ》、そしてミュージカル『刀剣乱舞』の加州清光——多くの人気作に出演する、2・5次元ミュージカル界のトップ俳優。だからこそ、今いる場所にあぐらをかくことなどない。強いプロ意識とトップ俳優としてのプライドが、佐藤を突き動かしている。

仕事を重ねれば重ねるほど才能がないことに気づいていく

小学生の時は、「目立ちたがり屋。クラスの中心にいたかった」。

将来は、俳優かお笑い芸人になりたいと思っていたという。弁護士になりたい、と思ったこともあった。

「親父《おやじ》が法律をかじっていて。その話を聞くのが好きでした」

人生の節目節目で、父親が影響を与えてきた。

普通に生きるな――。幼いころから、そう言われて育ったのだという。

「親父は公務員だったんですけど、『俺の人生は普通で、つまらなかった。だからこういう人生は歩むなよ』と。子どもだったので、あまり理解はできていなかったんですが」

中学に入ると、俳優になりたいという思いを強める。だがそれは、小学校時代の人気者がそのまま華やかな世界に向かった、というようなことではない。中学時代に一度「どん底にまで落ちた」からこその思いだった。

「中学に入って、なんというか人生がこう……転落しまして。性格もガラッと変わった。内向的になって、友達も減って……。小学校時代は、誰にも頼まれていないのに、リーダーシップを発揮していたんですよ。自分のペースでやりたい人もいるのに、俺は無理やり押し付けるようなことをしていたんだ、と気づいてしまって。思い出すたび『うわー』っとなっていました。まあ今思うと〝中二病〟なんですけどね。そうやってどん底にいた時に『一番下まで来たんだから、今度は一番上まで行きたい』と思うようになった。一番上、と考えたら、芸能界のパッと華やかなイメージが頭に浮かんで。いかにもサクセスストーリーを紡いでいる人たちがいる世界、という感じがしますよね。実際はそんなことばかりではないと今ならわかりますが、その頃は芸能界の中のことはもちろん知らないので、単純にそこに行きたい、と思うようになりました」

その第一歩となる、「劇団ひまわり」のオーディションは、父親が応募したものだった。

「たまたま新聞の広告を見たようで。『役者やりたいって言ってたよな？　応募しておいたから』と。あの時のオーディションが、人生で一番緊張した瞬間だったと思います」

合格後、しばらくは仙台の実家で暮らしていたが、またも父の突然のひとこと、「東京に部屋を用意したから」で上京が決まる。

「いやあもう……嫌でした。家事もしたことがなかったですし、一人暮らしなんてしたくなかったです」

だが「行かない」とは言わなかった。その一週間後には、東京での暮らしをスタートさせる。

「生活がマンネリ化していたんですよ。劇団ひまわりに入ったのに、特に何もしていなくて。家からも出なくなっていて……何かを変えないといかんな、と自分でも思っていました」

家にこもりがちになるところは、今も変わらない。

「だから芸能のお仕事は非常にありがたいです。強制的に外に出させてくれますから。『今日はちょっと有休とります』みたいなことが許されない仕事じゃないですか。『しなきゃいけない』という状況じゃないと、基本的に何もしない性格なんですよ。もし今、まとまったお休みをもらっても家から出ないと思います。ゲームが大好きなので、朝から晩までずっとしてしまうと思う。だからあの時、親父に強制的に東京に行かされたことは、今思うと本当によかったです」

上京後それほど間を置かず、二〇一一年『仮面ライダーフォーゼ』のゲストキャラクター・佐竹輝彦《さたけてるひこ》役で俳優デビュー。順調な滑り出しだ。

「でもあの頃の映像は、目も当てられないなと今では思いますけどね。レッスンにも通っていなかったので、演技のことが何もわかっていませんでした」

地元、仙台でも事務所主催のレッスンはあった。通わなかったのは「行く意味あるのかな？」と思っていたから。

「自分が才能にあふれていると勘違いしていましたね。レッスンに行かなくてもできちゃうでしょ？　みたいな」

だが『フォーゼ』の撮影現場で、自分が何もできないということに気づかされる。

「できないことだらけでした。しかも特撮ものなので、特殊なところもあって。変身後しばらくはそのポーズで止まっていなくちゃいけない、とかいろいろな決まりがあるんですよね。そういうことも、何も知らなかった。アフレコも、その時初めて経験しました。仕事を重ねれば重ねるほど、才能のなさに気づいていくんですよね。あわててレッスンに通うようになりました。

もし今、この世界に入りたいと思っている人に会ったら、レッスンには、行っておかなきゃだめだと言いたいです。お芝居も、ダンスも、歌も、殺陣も、アクションも、やれることは全部やっておいたほうがいい。今は、テレビはもちろん舞台でも、すべて映像に残ってしまう。あとから自分の演技を恥ずかしく思わないためにも、レッスンをしておいてください。俺は、自分を恥ずかしく思ったので（笑）。才能には限界がある。努力するしかないんです」

『テニミュ』でやっと役者としての「物心」がついた

舞台との出会いは、二〇一三年のミュージカル「忍たま乱太郎」。今となっては信じられないことだが、出演する前の佐藤は、舞台、特にミュージカルを「毛嫌いしていた」のだという。

「事務所に所属するとまず、提出用のプロフィールを書くんですが、『何の仕事がしたいか』にチェックを入れる欄があるんです。ドラマとか映画とかたくさん項目が並んでいる中で、俺は舞台とミュージカルにだけ、チェックを入れなかった。避けてやっていこうと思っていたんですよ。何が嫌だったんでしょうね……。たぶん、中学時代に思い描いた〝華やかな〟仕事ではない、っていう偏見があったのだと思います」

マネージャーのすすめで「どうせ受からないだろう」と思いながら受けた「忍たま乱太郎」のオーディションで、「ポン、と役（田村三木ヱ門《たむらみきえもん》）をもらった」。毛嫌いしていたはずのミュージカルの現場で、すぐにそのおもしろさを実感する。

「今ほどわかっていたか？　というとまだまだですが。でも、お客様の顔とか感情、リアクションがダイレクトに見られるのがすごくいいなと思いました。今、自分のセリフで笑ってくれた！　とか、そういうことが嬉しかった」

逆に、ダイレクトに反応が返ってきてしまう怖さはなかったのだろうか。

「もちろんそれもありますけど……2・5次元のお客様って、斜に構えずに、観てくれるので、あったかいんですよ。ありがたかったです」

初舞台で得たものは、大きかった。

「ミュージカルはおもしろいんだと気づけたことで、これからはいろいろなことをやってみよう、と思うようになりました。仕事を選んでいる立場ではない、ということもようやくわかりました」

ミュージカル「忍たま乱太郎」の三か月後には、舞台『プレゼント◆5《ファイブ》』シリーズ（大和京介《やまときょうすけ》役・二〇一三～二〇一四年　※2・5次元ミュージカルではない）に出演。この時、佐藤が「親みたいな人です」と慕う、プロデューサー・松田誠（第1章）と出会っている。

そして、同じく二〇一三年、当時すでに2・5次元ミュージカルの代名詞的な存在だったミュージカル『テニスの王子様』（2ndシーズン　青学vs四天宝寺《してんほうじ》・二〇一三～二〇一四年）に出演。佐藤にとって『テニミュ』は「人生を大きく変えてくれた」作品となった。

「なんか……言い方が変かもしれないですけど、この作品でやっと役者として〝物心がついた〟という感じです」

佐藤が演じたのは、主人公の通う青春《せいしゅん》学園中等部のライバル校・四天宝寺中学校の選手・財前光だ。キャストが発表された時、佐藤は2・5次元ミュージカルならではの洗礼を受ける。ビジュアルを見た原作ファンが、イメージが違うと不満を爆発させたのだ。「思いっきりたたかれました」。今は笑いながらそう話す佐藤だが、当時はかなり落ち込んだという。

「やりたくないな、と思いました。つらかったですね。でも顔合わせの時に、ほかの四天宝寺のメンバーと話したら、2・5次元ミュージカルの経験がある人もそう多くはなくて、みんなも同じ悩みを抱えていた。俺もたたかれた、って言い合って、悲しみを共有することができました。『いい作品にして、驚かせようぜ！』っていう気持ちに持っていけたのがよかったです」

公演が始まると、佐藤の演技を観た観客たちが、好反応を示し始める。

「嫌な意見も耳に入らないくらい、応援してくれる方がたくさんいて。ダイレクトに客席の反応が伝わる舞台の良さを、あらためて感じましたね」

自分の出演する作品が「2・5次元」と呼ばれるものだと意識したのも、『テニミュ』からだった。

「当時は、どれだけキャラクターに忠実に近づけるか、ということをとにかく考えていましたね。漫画はもちろん読み込むし、アニメがあればアニメの声を聞くし、しぐさも完全にその通りにやろうと思っていました。好きな食べ物とか家族構成とか血液型とかそういうものも全部調べて、それこそ『漫画から出てきたみたい』に感じてもらえるように演じよう、と」

佐藤が最初に近づけようと意識したのは、「立ち姿」だ。

「台本をもらう前に、パンフレットやブロマイド（生写真）の撮影があったんですよ。その時にまず、立ち方を意識しよう、と思いました。立ち姿の中に、財前っぽさみたいなものを探していった」

「財前っぽさ」を自分の中に落とし込み、財前としてカメラの前に立った。以降、どんな場合にも、財前としてしか人前に出ないと決めた。

「演技中は当然なんですが、カーテンコールの時であっても、絶対に笑わないと決めていました」

唯一笑顔を見せたのは、財前としての最後の出演となった、ミュージカル『テニスの王子様』コンサート「Dream Live 2014」でのこと。

「本当にちょっとだけ、笑いました。さいたまスーパーアリーナだったと思うんですけど、その顔が、どアップでモニターに抜かれて。『財前、笑ってる！』みたいな反応をファンの方がしてくれたので、よかったなと思いました。ちょっと狙った部分はあったので（笑）。あらためて、財前ってすごいキャラクターだと思いましたね。口角をキュッと上げるだけで盛り上がってもらえるわけですから。

2次元のキャラクターって、そういうわかりやすい魅力があるのがいいなと思っていて。財前だったら、世間でよく言われているのは〝ツンデレ〟。そういう魅力は、俺が演技する中で伸ばせるだけ伸ばしていきたいと思うし、舞台上では、自分が財前を好きだったら見たいだろうなと思う、ツンデレの一面を出していく。そういう意識でやっていました」

佐藤の徹底したキャラクター理解は、財前以外のキャラクターにも及んでいる。そのことがよくわかるのが、決まったストーリーとは別に、その回を観に来た観客のみが楽しめる、「日替わりネタ」のコーナーだ。

「毎回三分ぐらいで、四天宝寺のメンバーがアドリブで芝居をするコーナーがあるんです。アドリブで……といいつつ、台本があるんですが、それは俺が書いていていました。最初は一人一つずつ書こうぜ、という話だった気がするんですけど、気づいたら全部、俺が書いちゃっていましたね。財前はセリフも少ないし、あまり動かないキャラクターなので、負担が少ないんです。時間が余っているといえば、余っていた。みんなが試合の稽古をしている間に、よく書いていていましたね」

かけあい漫才のようなもの、コントのようなものなど観客をクスリとさせるような台本を、大量に一人で書く。いくら時間があるとはいえ、簡単なことではない。軽くネタだけ決めておいて、あとは本当にアドリブで流す、という手もあったはずだが、佐藤は台本を作り込んで臨んだ。その理由をかつてこう語っている。〈台本にない自由なシーンで役者の素が出ちゃうと、観ている人が舞台の世界に入り込めないと思って〉(「Quick Japan」vol.128 太田出版・二〇一六年)

舞台上では、役者は「素」を封印すること。

佐藤のキャラクターに対する考え方は一貫している。

こうして六十六公演分、原作にはない、けれど〝このキャラクターならばこう言う〟と、演じる役者も、観客も納得させるセリフを、佐藤は書き続けた。

「このコーナーを担当する前から、周りのキャラクターが財前とどういう関係なのかということは知っておかないといけないので、一通り調べてありました。なのでそれほど苦労せずに書けました。楽しかったです」

楽しかった、とさらりと言う姿に、底知れないものがにじむ。自らもチームの一員でありながら、全体を俯瞰するような姿勢が感じられる。

「確かに、客観的なところはあると思いますね。台本を書いていた時も、自分がおもしろいものを書くというよりも、人から見ておもしろいものにしないと、と思っていましたし。本当に自分がおもしろいと思うものを書くと、シュールになってしまうみたいで……そっちに転ばないようにはしていました。日替わり用の台本は、事前に君《きみ》沢《さわ》さん（四天宝寺中テニス部顧問・渡邊《わたなべ》オサム役・君沢ユウキ）に見せていたんですけど、シュールなものを持っていくと止められるんですよ。一度、十秒ぐらい誰もしゃべらない、みたいな台本を持っていった時は『地獄みてぇだな』って言われました（笑）」

茅野さんは鬼だ、と思いました

『テニミュ』でその才能と魅力が広く知られることとなった佐藤は、〃卒業〃翌年の二〇一五年にライブ・スペクタクル「NARUTO-ナルト-」に、さらに同年、「キャリアの長い先輩たちと一緒にやれて、すごく勉強になった」という學蘭歌劇『帝一の國』に出演、人気作に欠かせない俳優として、存在感を増していく。

そして同じく二〇一五年、佐藤にとって「またひとつ芝居に対する考え方が変わった」きっかけとなる作品と出会う。ミュージカル『刀剣乱舞』だ。特に演出家・茅野イサム（第2章）との出会いは、強烈だった。

〝感情で芝居をしないで、見た目で芝居をしているね〟

佐藤が、茅野から最初に受けた注意がこれだった。

「財前を演じている時は、〝似せる〟ことを強く意識していたんですよね。だからだと思うんですが、〝パッケージング〟された、決まった芝居をやろうとしていた。でも舞台というのは、もっと変化があるもの。その日の感情で動いたほうがおもしろいものになることがある――茅野さんがおっしゃっていたのは、そういうことだったんだと思います」

加州清光に「似せよう」と思っていた佐藤にとっては、茅野の言葉は衝撃的であると同時に、助け舟でもあった。

「初めてと言っていいぐらい、声も顔もしぐさも、自分とまったく似ていないキャラクターだったんですよ。共通点が見つからない。俺は涼し気な顔ではないし、声も、俺の低い声とは全く違う。似せようと思っても似なかった。それでどうしようと思っていたところに、『見た目で芝居』をするなと言われて……無理に似せたり寄せたりする必要はないんだ、と思うことができました。最初は『キャラクターに似せない芝居って何だ？』とかなり戸惑っていたんですが、茅野さんに稽古でしばしばしかれて（笑）、何とか軌道修正をしていただきました」

ミュージカル『刀剣乱舞』の最初の公演は「トライアル公演」として上演され、その七か月後に、同じ物語がミュージカル『刀剣乱舞』～阿津賀志山異聞～として、再度上演された。映像で見比べると、トライアル公演も十分魅力的な作品だが、～阿津賀志山異聞～で役者の演技が格段にブラッシュアップされていることがよくわかる。

「一度目から二度目の間に、みんなかなり変わりましたね。〝トライアル〟と銘打っているのであえて言いますけど、一度目はとても完成しているとは言えないような状態で本番を迎えてしまって……悔いを残して終わったんですよ。でもそこからの半年間で、それぞれがいろいろな現場を経験したことで、意識が変わった。トライアル公演の時には、茅野さんのおっしゃっていることを聞いても理解しきれず頭がパンクしそうだったんですが、『阿津賀志山』で集まった時にはみんな、あの時の言葉はこういう意味だったのか、とわかるようにまでなっていました」

茅野の指導は、とにかく厳しい。

「いろんな演出家さんがいらっしゃいますが、茅野さんはその中でもめちゃくちゃ厳しいし、めちゃくちゃ怖い。最初は本当に鬼だと思っていました（笑）。もしくはライオン。役者を一回谷底に落として、上がってこさせる。でも刀剣男士はみんな、そういう茅野さんのことが大好きなんですよ。その厳しさに惹かれる。どれだけ厳しくても、言っていることが一〇〇パーセント理にかなっているので、ぐうの音《ね》も出ません。『芝居中にサボるクセがある』と言われたこともありましたね……。『力を抜くのと手を抜くのは違う』と。自分の中では手を抜いているつもりはないんですけど、確かに力は抜こうと思っていたな、と。それが客観的に見て手を抜いているように見えたということは、自分の熱が足りていないんだな、と思ったりしました」

反発心のようなものはわかないのだろうか。

「わかないですね。自分のできなさに、ただ落ち込むだけ。茅野さんの現場に入ると、圧倒的なスピードで成長できると思います」

キャスト同士のディスカッションも、頻繁に行われていたという。

「何かあったら、その都度話し合ったほうがいい。言い出すのは、俺か（佐伯《さえき》）大地《だいち》くんですかね。『ここの芝居をどうしようか』みたいな話をしたり、自分の中で正解が出ていないところを相談し合ったりする。客観的な意見がほしいんです。さっき、自分には客観的なところがあると言いましたが、本当の意味での客観視は不可能ですよね。どれだけ主観を減らそうとしても、絶対に入ってしまう。みんなの芝居を見ていても『俺だったらこう演じるな』と思うことがあるので、当然、俺の芝居を見ているみんなにもそう思っている箇所があるはず。なので、意見をもらいたいんです。でも

ミュージカル『刀剣乱舞』
加州清光 単騎出陣2017

ミュージカル『刀剣乱舞』
加州清光 単騎出陣2018

ミュージカル『刀剣乱舞』
加州清光 単騎出陣2018

ミュージカル『刀剣乱舞』　加州清光 単騎出陣2018　©ミュージカル『刀剣乱舞』製作委員会

話し合うのは、基本的にコミカルな場面だけ。シリアスな場面についてはほとんど話し合わないですね」

コミカルな場面こそ話し合うというのは、意外な気もする。

「ツッコミとかボケの間に関しては、それはもう、綿密にすり合わせます（笑）。もちろん誰かがアドリブを入れてきたら、そこからはアドリブにならざるを得ないんですけど。～阿津賀志山異聞～の三回目の公演（～阿津賀志山異聞2018巴里～）では、石切丸がその場で加州の似顔絵を描くシーンが毎回あるんですよ。当然同じ似顔絵は描けないので、俺のツッコミもその時々で変えざるを得ない。そこは完全にアドリブでした」

佐藤はもともと、ツッコミ気質なのだという。

「ボケは得意じゃない。しゃべることで、ボケのおもしろさを出すのは俺にはできないですね。文字で（台本で）ボケるのは、得意なんですけど」

キャスト六人で食事に行くことも多いが、その声掛けも、佐藤がする。

「食事の誘いは、ほとんど俺ですね。俺が一人で食べるのが嫌だからです（笑）」

その場で演技論みたいなものを交わすのだろうか。

「しますよ。でも、そこでもやっぱり『あのシーンはさ』みたいな具体的な話です。

『俺が思うに、芝居っつーのはさあ』みたいなことを話し出す人はいないですね、『刀剣乱舞』の現場には。そういう話が苦手なので、よかったです（笑）」

最初は難しいと思っていた加州清光というキャラクターは、今ではすっかり自分のものになった。

「さすがに染みつきましたね、加州清光が。今ここで『加州っぽい会話をしてみてほしい』と言われても、ある程度はできます」

あらゆる場面で、キャラクターとして振る舞う準備を整えておくこと。『テニミュ』の財前の時から変わらない、佐藤のスタンス。

「そうしておかないと、怖いですからね。舞台で何かアクシデントが起きた時に、すぐにそのキャラクターとして対応できないといけないので」

〝かっこつける〟ことが仕事になるって男としてすごくいい

佐藤のすごいところは、役を自分の中に染み込ませていく作業が、演じるキャラクターだけでなく、俳優・佐藤流司にまで及んでいるところだ。

〈「佐藤流司」という役者を作り込んで、いろいろな場所に出していきたい〉（『ドルメンX』単行本発売記念特設サイト・二〇一六年・掲載期間終了）と語っていたのだ。

自分で自分を作り込む、とはどういうことだろう。

「こういうふうに、インタビューを受ける時が特にそうだと思うんですけど、一挙手一投足、一言一句、なるべく魅力的だなと思ってもらえるように振る舞わないといけないな、と。多分、素の俺……例えば、その辺の居酒屋にいるときの俺の話なんか、何もおもしろくないと思うんですよ。だからこういう場では、なるべく考えて発言するようにしています。そういう意味で役者・佐藤流司も作り込まないといけないんです」

人目に触れる可能性のあるところでは、「キャラクター」でいるか、作り込んだ「佐藤流司」でいるかのどちらか、ということだ。バックステージにカメラが入り、役者の素の姿を映すようなこともよくあるが、それも「素」の状態を自ら「作り込んで」見せているに過ぎない。

「もし本当に素の状態のところにカメラが入ってきたら、ちょっと待ってください！　って言うと思います。素は見せない。だからツイッターもあまり頻繁には更新したくなくて。面倒くさくて書いていないわけじゃないんですよ。自分の中で、いいタイミングがきたら書く。書き過ぎてもレア感がないですし（笑）。内容も、俺は何を食べたとか、日常的なことはほとんど書きません。人それぞれの考えがあると思うんですけど、俺は、役者は日常を見せないほうがいいと思うタイプなので」

いつ何時でも、ストイックに、「佐藤流司」を守り続ける。

「いやあ……そうしないと、すぐに〝田舎っぺ〟の感じが出ちゃうんですよ（笑）。もとがシティボーイじゃないので、作っておかないと」と笑う。一気に親しみがわくが、目の前にいるのもまた、作り込んだ「佐藤流司」なのだろう。

なかなか気を抜ける瞬間がないように思うが、そこにしんどさはないのだろうか。

「しんどくないです。楽しいですよ、日常を演じるのは。〝かっこつける〟ことが仕事になるって、男としてはすごくいいなって思います」

では佐藤の思う、かっこいい人とは？

「底知れない魅力がある人ですね。底が見える浅い人間はいやだなと。何を考えているのかわからないけど、何か考えていそうで……ちょっと闇がある人のことを、かっこいいと思います」

世の中の佐藤に対するイメージは、まさにそれだろう。底が見えない。何を考えているのか、わからない。それが、「知りたい」という気持ちをあおるのだ。

舞台上でも当然「かっこつけて」いるのかと思いきや、意外にも「いや、思ったこと、ないかもしれないですね」と話す。「真剣にやっているので、あまりそういうことは考えていない。映像で自分をチェックするようなこともしません」

観客が一気に沸く、「かっこいい」決めゼリフを言うあの瞬間も、かっこつけてはいないのだろうか。

「前はかっこつけていたと思います。これも『刀剣乱舞』のトライアル公演の時に茅野さんに言われたんですけど、『お前はいいセリフを、いい感じに言おうとしているんだよね。それは一番寒いことなんだよ』と。『いいセリフは、観ている人がそう判断するのであって、役者がいいセリフを言おうとして言ってもだめなんだ』と教えてくれました。今は、前よりはかっこつけずにできるようになった……と思いたいですね」

だがその茅野が、演出しながら役者を「かっこいい」と感じる場面がたくさんあると語っていたことを伝えると、「そうなんですか！　一回も聞いたことないですけど」とぱっと嬉しそうな顔になった。さらに茅野が佐藤に関して「役者として色気がある」「悪いやつだから、あいつは」と言っていた（第2章）ことも伝えると「悪いやつって！」と笑う。

「悪い、にもいろいろありますからね……どの辺の悪い話をしているのか、ちょっとわからないですけど。でも悪い人が色っぽいというのはわかるような気がしますし、嬉しいですね。俺は絶対に〝善〟のタイプではないので。役柄もどっちかっていうと、ダークなほうが得意といえば得意だし、太陽みたいに明るいタイプじゃないし……夜型だし。遺伝子検査をしたら、本当に夜型だったとわかったんですが（笑）」

役に深く入れるだけあって、その時演じたキャラクターに日常が影響されやすいタイプでもある。

「ススッと、プライベートが役に寄っていく。サスケをやっている時は結構暗いし、加州をやっているときは結構明るいしよくしゃべる。役として日常生活を送っているわけじゃなくて、自分の〝根〟自体が明るくなったり、暗くなったりするみたいな感じなんですよ。なんでしょう……抜けなくなっちゃうんですかね」

舞台に立つどれくらい前に、よし行くぞとスイッチを入れるのか、と聞くと「二秒前くらいですかね」と思った以上に直前であることに驚く。

「結構ギリギリですね。大きく息を吐いて、後は出るだけです」

アスリートのように、徐々に気持ちを盛り上げていくようなことはしないのだろうか。

「あまり盛り上げる必要もないし、最近は緊張することもなくなりました」

それだけ役者として自信がついてきたということだろうか。

「いや、緊張することのメリットのなさ、みたいなものに気づいたので。緊張するとセリフも噛むし、体は硬くなるし、周りの人に伝わるのもよくないし。メリットがないですよね」

確かにその通りだが、誰もが緊張しないでいたいと望みつつ、緊張に悩まされるものだ。どうやって緊張せずにいられるようになったのだろう。

「うーん……わからない。まあ、緊張したらしたで、甘んじて受け入れるしかない。そういう時は、本番が始まるちょっと前にものすごく激しい曲を大音量で聴く、ということはありますね。興奮が緊張を上回るような、攻撃的な曲がいいですね。アドレナリンが出ます（笑）」

じゃんけんで言ったらグー、食べ物で言ったらカレーパン

今後、目指す役者像のようなものはあるのだろうか。

「最初からずっと……役者を始めた頃からそうなんですけど、個性的な役者になりた

いんですよ。何でもできちゃうカメレオンみたいな役者というよりは、藤原竜也《ふじわらたつや》さんや香川照之《かがわてるゆき》さんのように、この役はこの人じゃないとだめだ、と思わせる魅力がある役者になりたい」

「素」の自分をいかに見せないかを主眼に置きながら活動してきた佐藤の口から「個性的な役者」という言葉が出るのがおもしろい。

「ちょっと逆説的な話になるんですけど……役者で、個性を消そうとするやつなんていないんですよ。やっぱりみんな『せっかく自分がやるんだから、自分なりの個性を出したい』と言いますから。だから、個性を消すことが俺の個性になる。楽な道といえば、楽な道なんですけどね。

今のところ、その道での競争率は、たぶんゼロなので（笑）」

個性を個性をと誰もが躍起になる世界で、佐藤の静かな、だが内側が燃えている佇《たたず》まいは、目を引く。今の佐藤は、どう考えても、「個性的な役者」だ。

「自分の匂いって、どれだけ消そうと頑張っても、出るものだと思うんですよ。だから自分からあえて出す必要はない。勝手に出るくらいがちょうどいい」

だが役者として様々な現場に行く中で、たまにはこれが自分の個性だ、これが自分のいいところだとアピールしたくなったりはしないのだろうか。そう問うてみても「ないですね」ときっぱり。

「自分で言うようなことではないと思っているし、言ったとしても、傍《はた》から見たら『それ、さほどお前のいいとこじゃねえぞ？』と思われるはずです」

自分語りをしたくないという佐藤に、あえて聞いてみる。「自分っぽさ」を自分で語るとしたら？

「何ですかね……人からよく言われるのは『今どき珍しい昭和タイプ』だっていうことでしょうか。〝男〟じゃなくて、漢字の〝漢〟と書いておとこと読む、みたいな。声も低いし。この見た目で、そう思われるのはおもしろいなと思う」

確かに、端正な顔立ちと華奢《きゃしゃ》な体つきの佐藤の中には、驚くほど太い芯が通っていることが、話すほどにわかってくる。そしてそのギャップこそが、佐藤の魅力だ。

さらに「じゃんけんで言ったらグーですね、俺は」とおよそ人を例える時に使うようなものではない単語をポンと出す。思わず笑ってしまうと、すぐに「食べ物で言ったら、カレーパンです」と追い打ちをかけてくる。「嚙むと、ザクッて音がするような」

二つ聞くと、その意図がよくわかる。どちらにも、ゴツゴツとした、「昭和」の魅力が漂う。

佐藤のことを理解したような気持ちに一瞬なるが、煙にまかれたようにも感じる。常に「佐藤流司」の手のひらの上ということだろう。

今は2・5次元のバブルだと思う

2・5次元ミュージカルで注目されたことで、活動の場がぐっと広がった。テレビ出演も増え、さらにはバンド「The Brow Beat」のRyu・jiとしても活動している。二〇一七年、二〇一八年と二年連続で主演ドラマが放送（『ファイブ』『御茶ノ水ロック』）され、二〇一八年には主演映画『ダブルドライブ』も公開された。

AiiA Thea

映像の現場と、2・5次元の現場にはどんな違いがあるのだろう。

「映像は、台本の順番通りには撮らないので、芝居をつなげるのが難しいなと思いますね。『ダブルドライブ』の時は、初日に『佐藤流司です。よろしくお願いします』って挨拶した後、すぐにラストシーンを撮ったんですよ。舞台では、ないことですよね。舞台の場合は、稽古をやりつつ、ラストシーンにいくまでの流れをどう演じるかをプランニングできるんですけど、映像ではそれができない。撮影初日の現場に入る前に、そのシーンごとに自分がどういう芝居をするかを最初から最後まで全部決めておかないといけないんです。何かを経て、ラストシーンのそのセリフが出てくると思うので、その『何かを経て』の部分も、最初の段階で作っておかないといけない、ということです」

舞台育ちの、佐藤ならではの考え方だといえるだろう。

「ふだんから映像をやっている方は、何不自由なくやっている感じがして、見ていてすごいなと思いますね。瞬発力がある、というか。

それと2・5次元では、キャラクター用のメイクで一段階上がるようなところがあって。ドラマや映画にそういうメイクはないので、それも大きな違いですね。ふだん化粧をする機会が多すぎて、映像を観て『俺、ちょっとブサイクかな』みたいな気持ちになることはよくあります（笑）。『化粧したいなあ』と思いますね」

では映像の現場から、2・5次元の現場には、どんなものを持ち帰ったのだろう。

「細かい表情を取り入れるようになりましたね。舞台って大きい動きをしないと観ている人に伝わらないと思っていたんですが、今は軽く目だけを動かすようなこともやってみています。映像も、これから先もっといろいろな現場を経験していきたいですね。三十歳、四十歳になった時に『未経験です』っていうものがたくさんあると、役者としてちょっと厳しいなと思うので」

映像の世界で着実に存在感を示していきながら、2・5次元ミュージカルへの思いも強くなり続けている。

「『NARUTO−ナルト−』のサスケ役に決まった時ぐらいから、2・5次元の世界で、いけるところまでいってみよう、と思うようになりました。学生時代の俺は、何をやってもBランクだったんですよ。二番目だった。だから一つぐらい、何かで一番になりたいなと」

自分がトップに立つだけではなく、2・5次元ミュージカルというジャンル自体をさらに引っ張り上げたいという気持ちも、誰よりも強い。

「この楽しさを、もっと多くの人に広めていきたいです」

だからこそ、人一倍、危機感を抱いてもいる。

「茅野さんともよく話すんですけど、今って、2・5次元のバブルだと思うんですよ。たくさんの作品がミュージカルになって、たくさんお客様が入ってくださっている。でも、永遠に流行り続けるものなんて、ないですから。例えばネットが普及して、テレビじゃなくて動画を観る人がこんなに増えるなんて、少し前までは誰も思っていなかったですよね。何が起きるかわからないし、すべてのものは、いつか終わる。役者にとっては、2・5次元は、諸刃《もろは》の剣だなと思いますね。さっき話したように、原作のキャラクターの人気が役者に乗っかっているわけですけど、もしその原

作の人気がなくなってしまえば、役者の人気もなくなってしまうので」

これだけの熱狂の中心に立つ役者でありながら――いや、だからこそなのか、佐藤は今ではなく、未来を見据えている。

「今後、どうなっていくんでしょうね。どんどん新しい役者が出てきて、どんどん人気が出て……我々は、それにつぶされないように頑張っていくしかない」

2・5次元ミュージカルの正念場は、「バブル」の後にやってくるのかもしれない。

「もちろん、バブルなんていう予想が外れて、今の人気がずっと続くといいとは思うんですけどね。2・5次元ミュージカルが、本当に一つの大きなカテゴリーになってほしいと思っていますから。俺は、ずっと忘れられない作品に出続けたいですし、忘れられない作品にするために必要なパーツの一つでありたい、と思っています」

「特にこだわっている道具みたいなものはないんですよね……。喉の調子を整える吸入器と、これくらいですかね」と言いながら佐藤が見せてくれたのは、黒いキャスケット。「移動の時はいつもこれをかぶっています」（佐藤）

特別対談

［俳優］

佐藤流司

×

［演劇プロデューサー］

松田誠

――今回の対談は、佐藤さんが撮影の合間に「ぜひ松田さんと対談してみたい」とぽつりとおっしゃったことがきっかけで実現しました。

松田　え、流司が言ったの？　あやしいな（笑）。

佐藤　いや、言いました（笑）。松田さんが役者と一対一で対談しているのを見たことがないので、その機会が持てるならぜひ、と。

松田　事前に流司のページ（第4章）を読ませてもらったけど意外だったな。ふだんは弱いところを見せないけど、結構本音が出ているでしょう。

佐藤　そうですね、本音です。ふだんはやっぱり日本男児というか……侍のようにしていたいので（笑）。

松田　すごく考えている奴なんだな、ってことは、最近ようやくわかってきてはいたんだよね。前は、天才タイプだと思っていた。実際、そういう天性のものを感じることも多いしね。いつもいいコメントを言ったりするのも、何も考えていなくてもパッと言える、みたいな……目をつぶって打ったらホームランになった、みたいな感じだと思っていたんだよ。でもつきあっていくうちに、「あ、人知れず夜中にバットを振っていたんだな」と思った（笑）。僕にわからないくらい、よく考えたうえで「自分」というものを見せていたんだな、と。

佐藤　確かに、狙ってやっている……と自分で言うのもあれですけど（笑）、素が出ないようにはしたい、と常々思っているので。

松田　打ち上げの席とか、役者が一人ずつ挨拶する場面ってよくあるけど、特に流司は、考えてしゃべるから、短いコメントだけど盛り上がるし、自分が持っている「毒」みたいなものもちゃんと出して、爪痕《つめあと》を残す。

佐藤　俺は、「ここでひと笑い欲しいな」って思ってしゃべるだけなんですけど。

松田　でも、ひと笑い欲しいって思わない人も大勢いるからね。せっかくみんなに自分を見せられる「場」なのに、一つ取りこぼすのはもったいなくない？　って思う。流司は、絶対取りこぼさない。あんまり言われたくないだろうけどね、こんなこと。

佐藤　いや、嬉しいです！　ありがとうございます。

――お二人が初めて会ったのは『プレゼント◆5』の時ですよね。

松田　そうですね。ただ直接関わるようになったのは『テニミュ』（ミュージカル『テニスの王子様』2ndシーズン）からかな。実はね、今まで流司が出ていた舞台のチラシを持ってきたんだよ。（チラシの束を取り出す）

佐藤　すごい！

松田　見てたらおもしろかったよ。表情が全然違うの。ほら、これすごくない？（『テニミュ』のチラシに載っている、佐藤さんが演じた財前光の写真を見せる）

佐藤　うわー！　懐かしいー！

松田　少年だよね。こうやってチラシの写真を見ていくと、表情がどんどん変わっていくのがわかるんだよ。どんどん成長しているし、本当に、少年から大人になったなって思う。

松田さんは「日曜日のお父ちゃん」（佐藤）流司は「息子」じゃなくてライバル（松田）

――佐藤さんは、松田さんのことをどんなふうに思っていらっしゃいますか？

佐藤　「親」ですね。俺をこんなふうにしてくれたのは松田さんだと思っています。

――怖いお父さん、優しいお父さん、どちらですか。

佐藤　優しい……「日曜日のお父ちゃん」みたいな。

松田　まあ……嬉しいかな（笑）。

佐藤　松田さんって、びっくりするぐらい多忙ですよね。それなのにいつも通し稽古も見にきてくださって。で、次の瞬間には海外に飛んでいたりする。だから「日曜日のお父ちゃん」という言葉には、「たまにはゆっくり遊んでよ」っていう意味も含まれているんですよ。たまの休みに寝ているお父さんを、子どもの俺が朝七時に起こしにいく、みたいな。

松田　眠いのにね、お父さん（笑）。

佐藤　実際、寝てないですよね。この前、「松田さん、ちゃんと寝てるんですか？」って聞いたら「全然寝てるよ」って普通に返されて、会話終了、ってなったんですけど（笑）。でも俺たちキャストと一緒に移動することがあっても、寝ていないし……。

――松田さんは、役者さんといる時は起きていよう、と決めていらっしゃるんですか？

松田　そんなことはないんですけど……役者って、特殊な職業だと思っていて。今どう思ってるんだろう、寒くないかな、退屈してないかな、とかいろんなことが気になってしまう。それで寝ないのかなあ。

――本書（第1章）では「学校の先生」のようなと

ころもある、とおっしゃっていましたが「お父さん」の感覚もありますか？

松田　僕は、流司のことを息子だなんてまったく思っていないですよ。

佐藤　えっ！

松田　男です。単純に、ライバルとして見ている（笑）。もちろん身内感はありますよ。でも男として「負けねえぞ」と思ってます。悔しいけど、やっぱり華がありますからね……だから、流司を見ているとたまにイラッとするんですよ。「かわいい顔しやがって、コノヤロー」って（笑）。

佐藤　なんですかそれ（笑）。

松田　そうだ、今日はこれを言おうと思って来たんだ。流司って……「猫」的な感じを演じていらっしゃいますけど、あなた本当は「犬」じゃないですか。

佐藤　……難しいことをおっしゃいますね（笑）。

松田　ファンの人たちもうすうす気づいているんじゃないかな。犬が見えた瞬間がかわいい、というか。

佐藤　猫っぽいと言われたことはありますけど……犬っぽいと言われたことはないです。

――嫌ですか、嬉しいですか？

佐藤　わかんないです……。

松田　（笑）。犬か猫かで分けるのもどうかと思うけどね。でも犬のメンタルを持っていて、猫のフリができるなんて、最強だよ。佐藤流司、最強説。

佐藤　うわあ……そうなんですかね。自分では知りえないことですけど。

松田　流司って、演出家とか、年上の人たちにすごく好かれるけど、それも実は犬的な感覚を持っているからだと思うんだよ。人の意見を聞くし、受け入れる姿勢もある。本当に猫的な役者というのもいて。うまくいけば軽やかに飛ぶんだけど、ムラがある。それって、「素材」として考えると演出家にとってはあんまり嬉しくないのかなと。流司にはムラがない。

佐藤　ムラですか。わかんないですけど……って、わかんないしか言ってないな（笑）。自分の出来を思い出して「ああー！」って、後悔するようなことはい多々ありますけどね。

松田さんは、必ず演出家を通してダメ出ししてくれる（佐藤）

佐藤　松田さんってふだんは優しいですけど、通し稽古の時とかは、厳しい目で見てくれますよね。でも俺らには、面と向かってダメ出しすることがなくて。

松田　たるんでるな、と思ったら「真面目にやれ！」くらいは言うけどね。演技については言わないかな。

佐藤　必ず演出家さんを通して意見を言ってくれるから、どれが松田さんのダメ出しなのか、自分たちにはわからないんですよ。

松田　だって嫌でしょう、演技についてこまかくダメ出しするプロデューサー。自分が役者だった時、嫌だったの。言うとしても、演出家に納得してもらったうえで、演出家の口を通して言う。だって、演出家はまだ全体を組み立てている途中かもしれないから。それなのに僕が何か言ったら、台無しだよね。役者も混乱するし。

佐藤　通し稽古の後に、いつもすごい笑顔で「めちゃくちゃよかった！　この調子で頑張って！」って言ってくれますよね。でもその後、演出家さんと別室で三時間くらい話していたりするから……松田さん、本当はどう思ってたんだろう？　と思ったり。

松田　通し稽古の後「全然ダメ！」って言うことにメリットを感じないんだよね。もちろん嘘をついているわけじゃなくて。みんな頑張っているわけだから、まずそれを褒めないと。

佐藤　確かに「全然ダメだった」って言われたら、モチベーションが下がります。

松田　そうだよね。でも褒められたら、自信になる。役者って、基本的には常に自信がないんですよ、常に不安。たぶん流司もそうだと思うんですよ。

佐藤　（うなずく）

松田　「これでいいのか」「もっと上があるんじゃないか」って常に自分の中で戦っていると思うから。そういう人たちにダメ出ししても意味がない。その代わり演出家とは三時間話すけどね。

佐藤　やっぱりそういう話をしてたんですね（笑）。

流司は、いい意味で貪欲だと思う（松田）

――本書（第４章）の中で佐藤さんが、お客様の前に立つことを「毎回、オーディションに近い感覚」とおっしゃっていたのがすごく衝撃だったのですが……。

松田　あの発言は新鮮でしたね。舞台に立つとわかるんですけど、お客様のエネルギーというか……「圧」が半端ないんですよ。すごく情熱を持って観に来てくれているから。それを打ち返す役者もいれば、うまく使う役者もいる。流司はうまく使って、一緒に作っているタイプだと思っていたんだけど。

佐藤　客席に下りる時は、「一緒に」という感覚なんですけど、お芝居中は「一か月半かけて作りましたけど、どうでしょう？」みたいな気持ちですね。

松田　それ、やっぱり犬じゃない？　ご主人さま、どうですか？　っていう。

佐藤　犬かあ（笑）。

松田　お客様の圧はどうしてるの？　スルー？

佐藤　スルーしてます。

松田　すごいね。それもなかなか難しいよ。

佐藤　まあ、そう自覚してるってことは、結局気にしてるんでしょうけど。この前の「単騎」（ミュージカル『刀剣乱舞』　加州清光単騎出陣２０１８）で、三千の眼球が一斉にこちらを向いている光景は、すごかったです。あ、そういえば「双騎」が決まりましたね。楽しみです。

――ミュージカル『刀剣乱舞』　髭切《ひげきり》膝丸《ひざまる》　双騎出陣２０１９が発表されたばかりですね（二〇一八年十月時点）。刀剣男士の髭切と膝丸が二人だけでライブを行う公演です。

松田　今まで、そういう個別のライブは、流司の加州清光の「単騎」しかなかったからね。ただ……流司、「双騎」は「楽しみ」なのか？

佐藤　えっ……はい、楽しみです……。

松田　本当に（笑）？　前に、はっきり言ったよね。「2・5次元ミュージカルでトップを取る」って。

佐藤　言いましたね。

松田　もちろんほかの役者たちと仲はいいけど、ライバル意識をいつも持っている。馴《な》れ合わないでしょう。だから、自分が出ていない作品が盛り上がる瞬間を、「楽しみ」以外の目線でも見ているんじゃないかなと思って……ね？

佐藤　……素晴らしいです。その通りです。正直に言うと、俺、「双騎」やられるの、悔しいですもん！

松田　（爆笑）。流司のそういうところが好きなんだよ。役者は、別の役者が拍手を受けていたら悔しいと思わなきゃダメ。流司は、いい意味で貪欲だと思う。

佐藤　そこには自信があります（笑）。常々上を見ているし、逆にこうはなりたくないなっていうことを、

人の行動を見て学ぶこともあります。

これからも2.5次元を頼む！（松田）

――松田さんご自身が役者だったということもあって、本当に役者さんの気持ちを理解されていますね。

松田　男の役者の気持ちは、なんとなくわかりますね。逆に女優の気持ちはぜんぜんわからない（笑）。

――佐藤さんは、松田さんが元役者だから理解してもらっているな、と感じますか？

佐藤　うーん、元役者だからという感じでもないんですよね。松田さんは別次元の視点でものを見ているというか……俺の想像の域を超えちゃってる人ですからね。底が知れない（笑）。

松田　でも役者時代に出会っていたら、流司は僕を舐め切っていたと思うよ。なんだこんなもんか、って。

佐藤　いやいや！　そんなことないですよ。

松田　さっき「ライバルとして見てる」なんて言ったけど、自分が役者としてできなかったことをやっているのが、素直にすごいと思う。例えば一人で何千人もお客様を集めたりね。魅力がなければ絶対にできないことだから。今の若い役者たちはすごいよ、本当に。いまだに2・5次元ミュージカルのことを「イケメン舞台でしょ」と言う人もいるけど……そんなに甘いものなわけがない！

佐藤　でももう、世の中の半分くらいは覆ってますから。あとは時間が覆してくれると思います。

松田　そうだね。ただ、流司も言っていたけど、このバブルは弾けて、一度、淘汰《とうた》される気はするよね。

佐藤　そう思います。

松田　流司は、自分のことだけ考えるんじゃなくて、2・5次元っていうジャンル自体を背負おうとしてくれているのがわかる。今回の本もそうだけど「2・5次元ミュージカルの役者でトップランナーは？」と聞かれたら「佐藤流司です」と答えるよ。

佐藤　ありがとうございます！

――最後に、お互いに「贈る言葉」のようなものを。

佐藤 贈る言葉ですか!? ……役者同士の対談でも、お互いにいいところを言う、とか苦手で（笑）。

――「こんな松田さんが見たい」ではいかがですか。

松田 それ、すごく知りたい！

佐藤 『情熱大陸』（MBS）にもう一回出てもらって……次は『プロフェッショナル 仕事の流儀』（NHK G）にも出てほしいです！

松田 （笑）

佐藤 あ、『情熱大陸』を観た人が言っていたんですけど、「映ってない部分に、松田さんの魅力がまだいっぱいあるんだよな」って。俺もそう思うので、今度は別の部分を映してほしいなと。

松田 というか、次は流司が、『情熱大陸』に出ればいいよ。そこは狙っていかないと。

佐藤 でも俺、朝起きて、仕事して、夜家に着いて、っていうだけの生活ですからね……。

松田 あとはゲームして寝る（笑）。

佐藤 そうです（笑）。

松田 僕から流司に贈る言葉は「これからも2・5次元を頼むぜ！ 一緒に頑張ろうぜ！」って感じかな。プロデューサーと役者、というよりは同志としてね。2・5次元以外の仕事もたくさんすると思うけど、ここでできた絆が絶対あると思っているから。

佐藤 頑張ります！ もう他のジャンルの追随を許さないぐらいの勢いで……！

松田 ガンガン突き進んでいこう（笑）！

佐藤 はい（笑）！

（二〇一八年十月収録）

古屋兎丸　描き下ろし漫画＆インタビュー

←古屋兎丸先生のインタビューへ!

役者それぞれが持っている〝ドラマ〟を見ていました

漫画家

古屋兎丸インタビュー

Usamaru Furuya

PROFILE

東京都出身。多摩美術大学美術学部絵画学科（油画専攻）を卒業。『月刊漫画ガロ』（青林堂）にて『Palepoli』（パレポリ）でデビュー。代表作である『ライチ☆光クラブ』『帝一の國』が続々と映画化、舞台化され話題沸騰。その他『アマネ†ギムナジウム』『女子高生に殺されたい』『少年たちのいるところ』など人気作品多数。

古屋兎丸の漫画作品は、これまで『ライチ☆光クラブ』『帝一の國』の二作が2・5次元の舞台になっている。

『ライチ☆光クラブ』は、二〇一三年に江本純子《えもとじゅんこ》演出でストレートプレイ版が上演され、二〇一五年には河《かわ》原雅彦《はらまさひこ》演出で残酷歌劇『ライチ☆光クラブ』としてミュージカル化された。『帝一の國』は、二〇一四〜二〇一六年に小林顕作《こばやしけんさく》演出で學蘭歌劇『帝一の國』として全三章が上演された。

「2・5次元の舞台が実現したのは、平沼紀久《ひらぬまのりひさ》……僕はノリと呼んでいるんですが、彼の提案があったからですね」

役者であり、現在はドラマ・映画『ＨｉＧＨ＆ＬＯＷ』シリーズの脚本・プロデュースなどを手掛ける平沼とは、旧知の仲。ミュージシャンのＨＡＫＵＥＩと共にユニット「漫画兄弟」を組み様々な活動を行ってきた。また自身も学生時代から制作に携わるなど演劇に親しんできた古屋にとって、自作の舞台化は、嬉しい提案だった。

「漫画の『ライチ☆光クラブ』は、そもそも(劇団の)『東京グランギニョル』の八〇年代の舞台をもとにしているので、それがさらに舞台になるというのは、歴史が繰り返されるようでおもしろいなと思いましたね。江本さんと河原さんという、別の演出家の方の手によって、二回も上演してもらえた。自分が十代の頃に観て感動した舞台を、内容は違えど現代につなぐことができたような気がして、自分の役割は果たせたかなと思いました」

學蘭歌劇『帝一の國』は、二〇一三年の『ライチ☆光クラブ』の後、平沼から「じゃあ次は『帝一の國』をやりましょう！」とすぐにまた、提案があった。

「ノリのほうで松田(誠)さんと企画をつめてくれていたんですが、『どういう舞台にするのか』というイメージがなかなか浮かばない、と聞いて。やっぱり何か、〝嵌まる形〟みたいなものが必要なんだと思うんですよ。それがないまま漠然と動き始めてしまっては、いいものにならないんですよね」

古屋も案を模索する中、『帝一の國』ファンのこんな内容のツイートを見つける。「学ランを着た男子たちが花道を歩く、宝塚歌劇のような、『帝一の國』が見てみたい」

「これはおもしろい！と思って、そのまま文面をコピーしてノリに見せたんですよ。そうしたら、トントントンと話が進んでいった。三章全部終わった後だったんですが、そのツイートをしてくれた方とも連絡が取れて。キャストのみんなで寄せ書きをして『あなたのおかげで舞台ができました』というお礼の手紙を渡しました。ファンの方の要望が世界を大きく動かすこともあるんだ、ということですよね。その方には、本当に感謝しています」

熱気を味わいたくて、稽古場で漫画の仕事をしていました

舞台として〝嵌まる形〟が必要なことからもわかるように、漫画をそのまま舞台に置き換えても、おもしろいものにはならない。方向性が決まり、次に舞台版

の物語を形として提示するのは、脚本家の仕事だ。

「舞台にするなら漫画のどこを省けばいいのか、舞台ではどういうテンポにすればいいのか——脚本の喜安《きやす》浩平《こうへい》さんがそれをわかったうえで、すごくうまくまとめてくださった。喜安さんは、演出の（小林）顕作さんがやりたいことも全部わかっていて。お二人の間で卓球のラリーみたいにパンパンと脚本ができていった、という印象を受けました。それと舞台の脚本ってやっぱり独特だなと思ったんですが、役者が着替えたりする時間が必要なので、今のシーンに出ていた人がいつ次のシーンに出られるか、というようなことが、脚本の流れに大きく影響してくるんですよね。これは漫画や映画との大きな違いだなと」

漫画ならば、次のシーンどころか次のコマで、キャラクターにいきなり違う服装で登場させることもできる。だが生身の人間が、リアルタイムでキャラクターを演じる2・5次元の世界では、物理的に可能かどうかを考慮しながら物語を進めていかなければならないのだ。

「みんなで一緒にものを作り上げる、というのも、漫画とは違うところですよね。漫画は基本的には一人で描けるものなので。映画も大勢の人で作り上げるものですが、舞台の『みんなで一緒に』というのとは、ちょっと違う気がするんですよ」

『ライチ☆光クラブ』『帝一の國』は実写映画化もされており、古屋は映画の現場も体験してきた。

「映画は分業制に近いというか。俳優部、撮影部、照明部のようにそれぞれが自分の役割を担っていて、それを監督がまとめている、というイメージ。でも舞台の場合は、全員で一つの部というか、みんなの手で一つの作品を作り上げているという感じがある。僕自身も昔、演劇をやっていたということも大きいかもしれないんですが、現場の、その空気が好きなんですよね。それを味わいたくて、學蘭歌劇『帝一の國』の稽古場にはよく伺っていました。漫画の仕事を稽古場ですることもありました（笑）。稽古中の顕作さんは、幼稚園の先生みたいなんですよ。『はーい、みんな、やるよー』ってお遊戯を教えるみたいな感じ（笑）。何かミスがあっても怒るんじゃなくて、優しいツッコミを入れて、みんなを笑わせるというか」

残酷歌劇『ライチ☆光クラブ』の稽古場にも行っていたという古屋だが、その雰囲気はまた違ったものだったという。

「河原さんはすごく綿密に計算して作り上げるタイプの方でした。もちろん熱気のある稽古場ですが、空気が張り詰めているので、僕もビシッと正座して稽古を見るというような感じでしたね。プロフェッショナルな制作の現場というものを見せていただきました。顕作さんと河原さん、どちらのやり方がいい、という話ではないんですよ。演出家によってまったく違うし、それが作品の雰囲気にも反映されるんだなと思いました」

小林顕作からは、稽古場で直接意見を求められることもあったという。

「顕作さんは、フランクに、いろんな人の意見を取り入れて作るタイプ。僕が何か言うと『ああ、それいいですね。よし、それでいきましょう』と言うことがあったり、僕に『ちょっと絵、描いてもらえませんか』って頼んできて、その場で描いた絵が舞台で使われたりもしました（笑）」

ただ古屋は「原作者としての」要望を、小林に言うことはなかったのだという。

「こういうセリフがあったほうが物語がうまくつながるんじゃないですか？　とか、あくまでも一観客としての疑問を投げかける感じでしたね。そこで顕作さんが『このままで大丈夫です』っていう場合もあるし、『そう言われればそうですね』っていう場合もあるし。お芝居として良いものであれば、それが一番。キャラクターの（外見の）ディテールが変わったりするのも、僕は気にならないんですよ」

だが2・5次元作品とその原作において、キャラクターの同一性を保つことの重要性を感じさせる出来事があったのだという。

「最初の『ライチ☆光クラブ』の舞台の時に、（主人公ゼラ役の）木村《きむら》了《りょう》くんの元々の髪の分け目が、漫画のゼラとは逆なので、逆のままでいいですか？　という相談が来たんですよ。僕は『木村くんがやりやすいならそれでいいですよ』と言ったんですが、編集部のほうからNGが出まして。『キャラの分け目は、常に同じでなければいけないんです』と」

原作の絵とキャストの写真がポスターなどで並ぶ場合も多く、その際に違和感があってはならない、と説明があったという。

「なるほど、そういうものなのか、と。なので木村くんは、本番の前からずっとピンで前髪を留めてクセをつけて、漫画のゼラと同じ分け目にしてくれていたそうです（笑）」

役者が変化していくのを見るのが楽しかった

學蘭歌劇『帝一の國』が全三章の作品になることが決まったのは、漫画の連載がまだ終わっていないうちだったという。

「顕作さんに『だいたい何巻くらいで終わる予定ですか』と聞かれたので、『十五巻ぐらいですかね』と言ったら『じゃあ三部作ですね！』と。その時点では、最後までストーリーは決まっていなかったんですが、舞台化されるからには、ちゃんと最後まで描き上げないと！とお尻に火がつきました（笑）」

最終章が二〇一六年三月に上演されることが決まると、古屋はそれに合わせて、半年以上も前倒しでネーム（漫画のもとになる絵コンテのようなもの）を仕上げることになった。

「喜安さんが脚本を書き始めないといけないので、最終回までの話を作らなければいけなかったんですよ。ネームの前の段階のシナリオみたいなものも送って、その後にネームも送って……。それをもとにして脚本だけではなく、曲も決まっていきました。そこからは、漫画と舞台がほとんど同時に進行していった感じですね。舞台があったことで漫画を描き上げることができた、ということは、大いにあったと思います。最終章の舞台が終わった一か月後に漫画の連載が終わる、という奇跡のエンディングを迎えました（笑）」

舞台と漫画連載では、ラストが少し違っている。まさに「大団円」な舞台と、苦みが残る漫画……違う後味なのがおもしろい。

「舞台は、すがすがしい終わり方でしたよね。それが、舞台を観た後にお客さんが感じる気持ちよさにつながっていた。ただ漫画でまったく同じようにやってしまうと、すがすがしいというより、ちょっとバカバカしく見えてしまうというか……。漫画では、『最後も帝一らしいな』と思えるようなラストにしたほうがいいなと思いました。ただ最終巻には、舞台では描かれなかった、『総理大臣になったのかどうか』を描いて、落とし前をつけておこうかな、とは思いました（笑）」

舞台で生身の役者たちと関わったことで、漫画にフィードバックされることもあったという。

「（榊原光明《さかきばらこうめい》役の）三津谷《みつや》（亮《りょう》）くんならこう言いそうだなと思って光明のセリフを書いたり、（久我信士役の佐藤）流司くんが言いそうだなと思って久我のセリフを書いたり。流司くんには、第二章の打ち上げの時に『久我を漫画の中で活躍させてください！』ってすごくキラキラした目で言われたんですよ（笑）。それで流司くんが暴れられるような、久我のアクションシーンを漫画で描いたことはあります（笑）」

役者陣についてさらに問うと「みなさん、悩みながらもすごく一生懸命にその役に近づこうとしてくださっていて。再現度はもちろん素晴らしかったです」と感謝を口にする。だが古屋が、役者の中に見ていたのは、それだけではなかった。

「役者自身が、それぞれにすごい〝ドラマ〟を持っているんですよ。例えば冨森《とみもり》ジャスティンくんは、最初は声も小さくて静かな印象だったのが、稽古の途中で急にはち切れたというか……急に氷室《ひむろ》（ローランド）になったんですよ。皮が一枚むける瞬間、みたいなものに立ち会うことができた。（白鳥《しらとり》美美子《みみこ》役の）井上小百合さんと樋口日奈《ひぐちひな》さんも、最初は稽古場で二人だけで話していたのが、だんだんと打ち解けて、みんなの輪の中に入っていって……。役者さんたちのそういう様子を『青春だ！』と思いながら見ていました（笑）」

漫画家ならではの、人への興味と、鋭い視線が感じられる。

「第一章から最終章まで三年間あったので、それぞれ役者としての状況が変化していくのも、見ていて楽しかったですね」

2・5次元の劇場に行くのは観劇じゃなくて〝お祭り〟なんです

古屋が初めて2・5次元の舞台を観たのは、二〇一一年。自作が舞台化されるよりも前のことだ。

「漫画家の友達に誘われてミュージカル『エア・ギア』を観たんですけど、役者さんがインラインスケートで近くまで走ってきたりして、客席との一体感がありました。ライブみたいな舞台だな、と。僕が昔からよく観ていた、唐十郎さんなどの芝居とはまったく違っているんですけど、2・5次元には2・5次元の良さがあって、これはこれですごいと思いました。自分が漫画やアニメで前から知っている世界観が目の前にあるというのは、すごくワクワクすることなんですよね。學蘭歌劇『帝一の國』の時に特に感じたことなんですが、劇場が、すごくいい雰囲気なんですよ。みんな、劇場に来ることを、本当に楽しんでいる。お客さんにとって、2・5次元の劇場に行くのは、ただの観劇じゃなくて〝お祭り〟なんだなと思いました」

原作者として関わるようになったこの数年間で、2・5次元をとりまく世界が変化していく様を、目の当たりにしてきたという。

「〝マニアックな趣味〟の一つではなくて、メジャーなものとしてどんどん世の中に浸透していった。すごくいい経験をさせてもらったなと思います」

また2・5次元の「プロの現場」を体験したことで、こんなことも思うようになったという。

「僕が自分で舞台をやったら、どうなるだろう、と。もちろん実際に舞台を作るとなるとすごく大変ですけど、漫画でなら、舞台をやってみることができるのではないか、と思いました」

漫画という媒体で、舞台を表現する、ということだ。

これまでにも、漫画家として常に新しい表現に挑戦し続けてきた、古屋らしい発想。

『女子高生に殺されたい』と『少年たちのいるところ』という漫画は、そう思って描いた作品です。〝予算〟とか〝キャスティング〟みたいな考え方を取り入れている。この二作は、2・5次元舞台や映画の現場を見ていなかったら生まれなかったかもしれないですね。ただ漫画と舞台では先ほど言ったようにシーンのつなげ方みたいなものがまったく違うので、舞台というよりは、映画を撮ることを想定したんですけど。『少年たちのいるところ』だったら、予算三千万円ぐらいの映画という想定にして。主要キャストは四人くらい、ロケ地はほぼ目黒川近辺だけで済むようにしよう、というふうに決めていった」

『少年たちのいるところ』は、自慰依存症の佐野《さの》霧《きり》と友人依存症の南野《みなみの》竜《りゅう》、竜に恋する奈良崎《ならさき》すばる、霧が恋する、吸血鬼を探し続ける梅木菜乃《うめきなの》――三人の少年と一人の少女が過ごした、ある夏を描いた作品。これが「映画」だと知ってから読むと、カメラワークなどにも古屋の「監督」のような目線が感じとれる。

「同じようにいつか舞台を漫画で表現することも……なくはないかもしれないですね」

繰り返しになるが、古屋は映画や舞台に「するために」漫画を描く、のではない。映画や舞台を「漫画で」描くとしたらこうなる、ということだ。

「これから先も、僕が漫画を描く時に、舞台になることを想定して描くようなことはないし、そもそも舞台になりやすいように描くなんてことはできません。そんな必要もないと思うんですよ。『帝一の國』なんて、最初はどうやって舞台にするのか想像すらつかなかったですけど、素晴らしいものになりましたから。まさかお風呂のシーンが、記念撮影の看板みたいに穴から顔を出して表現できるなんて思わなかった(笑)。あんなチープな方法が逆におもしろくなるんだ！　という驚きがありました。自由ですよね。2・5次元の世界に、不可能はないんです。自分の作品が2・5次元の舞台になってみて、そのことがよくわかりました」

おわりに

「野心がないのに成功する、なんて嘘だ。彼の目には、野心があった」

ある漫画家が大きな賞を受賞した際、作品誕生のきっかけを作った著名な医学者が、初めて彼に出会った時の印象を語ったスピーチの一節です。

本気でその場所に行こうとする強い意志がある人が、そこに行ける——。

野心という言葉に、ネガティブなイメージを持つ方もいるかもしれないのですが、その場にいた私にはそんなふうに聞こえ、強く印象に残ったのです。

この日以来、自身の野心について自覚的になると同時に、取材でお会いする方たちの目の中にある野心に、自然と反応するようになりました。

今回取材させていただいた方たちの目の中にも、ギラリと光るものを見ました。しかもその野心は、積み重ねてきた経験に裏づけられた自信から派生している、力強いものでした。2・5次元は、自然に「広がっていった」わけではなく、彼らのような担い手たちが自覚的に、強い意志＝野心を持って「広げようとしてきた」のだ——この新しいエンターテインメントが、急速に、熱狂的に受け入れられてきた理由の一端が、見えたように思いました。

この本でお聞きした内容は、彼らが仕事人として、どのように自分の仕事と向き合い、具体的にどんなことをしているか、ということです。これまでも、漫画家や宇宙飛行士などその業界の最前線で真剣に働く方たちにお会いする時にはほとんどいつも、それが知りたいと思い、聞いてきました。そこには必ず、日々自分の場所で働く私たちの背中を押す言葉があるからです。今回も、私自身の野心にはもちろん、この本をお読みくださった方の野心に火をつける何かがあったと、信じています。そしてとにかく一度、直接劇場へ足を運んでください。舞台上、舞台裏、客席が一体となって発する、あの熱に胸を打たれない人はいないと、断言します。

最後になりましたが、編集者の垣内克彦さん、呉 瑛雅さんには大変お世話になりました。共に劇場に通い、興奮を共有できたことも嬉しかったです。ありがとうございました。また、素敵な写真を撮ってくださったカメラマンの石川耕三さん、洗練されたデザインをしてくださったデザイナーの小林 満さん、工藤亜希さんにも感謝いたします。

そして、舞台の稽古と本番でびっしりと埋まったスケジュールの合間に時間を捻出し、熱を持って語ってくださった松田 誠さん、茅野イサムさん、和田俊輔さん、佐藤流司さん、麗しくも楽しい漫画を寄稿してくださった古屋兎丸さんに、心から御礼申し上げます。ありがとうございました。

二〇一八年十二月

門倉紫麻

カバー・本文写真（表記のあるもの以外）
石川耕三

佐藤流司ヘアメイク
最知明日香（カバー，P147～154, 156～157, 192, 198～199）
yama.（P145, 155, 163, 167, 172, 189, 195, 198～199, 201, 203, 205）

佐藤流司スタイリング
小田優士〔Creative GUILD〕（カバー，P147～157, 192）
吉田ナオキ（P145, 163, 167, 172, 189, 195, 201, 203, 205）

衣装協力
NO ID. 原宿本店 (03-3405-6474)
WRouge (03-6457-8669)
carol (03-5778-9596)
BLUE IN GREEN PR (03-6434-9929)
店舗情報は2018年12月現在のものです。

撮影協力
AiiA 2.5 Theater Tokyo

JASRAC 出 1812596-801

カバーデザイン
小林 満（GENIALÒIDE,INC.）

本文デザイン
小林 満／工藤亜希
（GENIALÒIDE,INC.）

監修協力
株式会社ネルケプランニング

マネジメント
石井 泉（劇団ひまわり）
黒澤友子（ネネネユナイテッド）

編集
呉 瑛雅

2.5次元《じげん》のトップランナーたち

松田《まつだ》 誠《まこと》、茅野《かやの》イサム、和田俊輔《わだしゅんすけ》、佐藤流司《さとうりゅうじ》

2018年12月19日　第1刷発行
2019年 1 月26日　第2刷発行

著　者　門倉紫麻《かどくらしま》
発行者　茨木政彦
発行所　株式会社 集英社
〒101-8050 東京都千代田区一ツ橋2-5-10
電　話　編集部(03)3230-6141
読者係(03)3230-6080
販売部(03)3230-6393（書店専用）
印刷所　大日本印刷株式会社
製本所　株式会社ブックアート

ISBN978-4-08-781661-7　C0095